# Probleme der Finanzreform

Von

Georg Bernhard

Berlin und Leipzig 1919
Vereinigung wissenschaftlicher Verleger
Walter de Gruyter & Co.
vormals G. J. Göschen'sche Verlagshandlung — J. Guttentag, Verlagsbuchhandlung — Georg Reimer — Karl J. Trübner — Veit & Comp.

Georg Bernhard:

# Probleme der Finanzreform

# Probleme der Finanzreform

Von

Georg Bernhard

Berlin und Leipzig 1919
Vereinigung wissenschaftlicher Verleger
Walter de Gruyter & Co.
vormals G. J. Göschen'sche Verlagshandlung — J. Guttentag, Verlagsbuchhandlung — Georg Reimer — Karl J. Trübner — Veit & Comp.

# Inhaltsübersicht.

# Vorwort.

Die nachfolgenden Aufsätze sind während der zweiten Hälfte des August in der „Vossischen Zeitung" erschienen. Mit ihrer Zusammenstellung in einem Buche folge ich der wohlmeinenden Ansicht einiger Freunde, die den darin enthaltenen Anregungen und Grundsätzen Wert beimaßen. Die einzelnen Kapitel sind nur in der Form geglättet, sonst aber unverändert geblieben. Der Hauptzweck des Ganzen bleibt nach wie vor: Immer wieder zu sagen, daß Finanzpolitik, Wirtschaftspolitik, Sozialpolitik und — die sogenannte große oder hohe — Politik untrennbar miteinander verbunden sind, sich gegenseitig ergänzen und durchdringen.

Der Finanzpolitik im Deutschen Reich während der letzten Jahrzehnte fehlte die Geistigkeit. Alles Ungeistige verrät sich stets durch die Verachtung der Theorie. Der Geistlose — der sich meist anmaßend als „Praktiker" zu bezeichnen pflegt — lehnt die Theorie ab, weil sie Grundsätze und Ideen verlangt. Erst die Idee aber beseelt jedes Tun, denn der Geist formt sich die Dinge. Ungeistige konstruktive Zweckarbeit bleibt tot. Nur der aus dem Geist einer Idee geborene Organismus wirkt lebendig. Wahre Schöpferkraft fügt die Teile so zum Ganzen zusammen, daß dieses Ganze wieder selbstschöpferisch Geistiges hervorzubringen vermag.

Charlottenburg, den 4. September 1919.

Der Verfasser.

# I. Erzbergers Bedarfsrechnung.

Die Deutsche Nationalversammlung hat, bevor sie von Weimar aus in die Ferien ging, über die Vorlagen des Reichsfinanzministers Erzberger beraten, durch die die große deutsche Reichsfinanzreform eingeleitet werden sollte. Diesen Anlaß haben die politischen Gegner Erzbergers begreiflicherweise nicht vorübergehen lassen, ohne die Angriffe gegen seine Person von neuem und verdoppelt aufleben zu lassen. Aber auch, wer sich nicht als politischer Gegner Erzbergers betrachtet, oder geneigt ist, für die finanzwissenschaftliche Kritik den Finanzminister vom politischen Reichsminister streng zu scheiden, kann das Temperament und die persönliche Eigenart dieses Mannes nicht völlig von der Sache trennen, die er vertritt. Seine Betriebssamkeit läßt oft die Sache, die er gerade verteidigt, wichtiger und seine Gründe richtiger erscheinen, als sie es in Wirklichkeit sind. Aber andererseits macht auch die Eigenart seiner so geräuschvoll auftretenden Person die sachliche Würdigung seiner Taten selbst dann schwer, wenn sie der Kritik stand halten.

Man kann sich an und für sich gewiß nur freuen, wenn der Mann, der die traurigen deutschen Finanzverhältnisse ändern und das viele Geld in den Reichssäckel schaffen soll, mit einer guten Dosis Optimismus an die Arbeit geht und seine frohlaunige Zukunftsperspektive den Vertretern des Volkes durch munteres Zureden glaubhaft zu machen versucht. Matthias Erzberger wäre an sich ganz der Mann dazu, in diesen Tagen der Hoffnungslosigkeit das Finanzressort im Reich zu verwalten. Seine unermüdliche Arbeitskraft stößt sich nicht an dem Wirrwarr der Abrechnungen, Salden und Anforderungen, die zu sichten, zu buchen, aufzuklären und abzuschlagen sind; seine nervenlose Konstitution zermürbt sich nicht in endlosen Konferenzen, Disputationen und Parlamentsdebatten; seine demagogische Schulung umschifft die zackigsten Klippen aller Vorwürfe und Einwände, und seine Frohnatur kennt keine Rechenaufgaben, die nicht aufgehen. Jede Statistik ist stets so, wie er sie braucht. Alles gewiß gute Beigaben für einen Finanzminister. Und mit dieser Eigenart hat er bisher schon mindestens einen Erfolg zu verzeichnen, zu dem man nicht nur ihm, sondern auch dem Reich Glück wünschen kann: Schon im Frieden wußte jeder Sachverständige, daß eine wirksame Reform der Reichsfinanzen zur unbedingten Voraussetzung den Fortfall der unbeschränkten Finanzhoheit der deutschen Einzelstaaten haben müsse. Mit jedem Jahre des Krieges wurde diese Notwendigkeit klarer. Aber selbst nach der Revolution noch schien die Einheitsfront der einzelstaatlichen Finanzminister gegen jeden Reichsschatzsekretär unerschütterlich. Keinem vor Erzberger ist es gelungen, in diese Front Bresche zu legen. Keiner vor ihm ist allerdings so wirksam durch das harte Muß bitterster Notwendigkeit unterstützt worden. Allein der schnelle Sieg ist doch wohl in erster Linie der unbekümmerten Art des neuen Reichsfinanzministers zuzuschreiben. Und lächelnd, ohne Pathos hat Erzberger hier etwas erreicht, was in seinen schließlichen Wirkungen weit über das engere Finanzgebiet hinaus wirken muß. Ist einmal der „Mantel" der Finanzhoheiten gefallen, dann wird auch bald der „Herzog" der einzelstaatlichen Souveränitäten nach müssen. Dann ist auch der deutsche Einheitsstaat nicht mehr fern, innerhalb dessen nur noch Raum ist für nach Stämmen gegliederte Kulturgemeinschaften mit kultureller Autonomie. Was dem Reichsminister Preuß auf dem direkten Wege des Verfassungskampfes nicht gelang, wird auf dem Umwege über die Finanzreform nun vielleicht doch noch zum Ereignis werden.

Dieser Erfolg der Erzbergerschen Persönlichkeit soll gewiß nicht gering veranschlagt werden. Aber er darf nicht die richtige Bewertung des sachlichen Hauptteils des Erzbergerschen Reformwerks hindern. Und da liegen die Grenzen des Erzbergerschen Könnens, die Mängel seiner Persönlichkeit. Erzbergers Methode des unbekümmerten Sturmangriffs gegen — auch die schwierigsten — Probleme, die ihm zu so vielen und raschen Erfolgen verholfen hat, entspringt letzten Endes einer seiner größten Schwächen, der Problemblindheit. Arbeitskraft, Regsamkeit, leichtes Orientierungsvermögen und Konzentriertheit der Nerven können — so schätzenswerte Eigenschaften es sind, namentlich wenn sie sich in einem Kopf vereinigen — die Terrainkunde gründlichen Wissens nicht ersetzen. Und ein flinker Budgetkritiker ist nicht auch schon ein guter Finanzminister. Besonders nicht in Zeiten, wo die Fundamentierungen für neue Finanzsysteme geschaffen werden müssen. Hier genügen nicht einmal Kenntnisse der Tatsachen und Probleme allein. Solch Neuaufbau verlangt schaffende Phantasie, er ist Künstlerarbeit und kann nur aus der Intuition eines Geistes geboren werden, der die Dreiheit: Finanzpolitik, Wirtschaftspolitik und Gesellschaftsreform und ihr scheinbares Neben- und Durcheinander in eine höhere Einheit zusammenzufassen und organisch zu gestalten vermag. Erzbergers Phantasie entbehrt eines solchen schaffenden Charakters, dafür aber neigt ihr Überschwang bis ins Reich der Phantastik, sie gestaltet selbstherrlich die Realitäten um, sie vergreift sich an den Grundlagen aller Berechnungen, sie modelt die Statistiken, sie verzerrt den Bedarf und treibt Gaukelspiel mit den Erträgnissen. Es ist gar nicht das Schlimmste, daß Erzberger ein Dilettant im Finanziellen ist; viel schlimmer scheint, daß er als Poet in — Algebra dichten will.

In der Weimarer Debatte, die sich an die Erzbergerschen

Finanzvorlagen anschloß, ist über alles mögliche gesprochen worden. Aber niemand hat die Erzbergerschen Rechengrundlagen einer Kritik unterzogen. Von seiten der Opposition ist ihm bereits eingewandt worden, daß man eigentlich über die große Vermögensabgabe nicht beschließen kann, ohne Näheres über die Reichseinkommensteuer zu wissen. Die Sozialdemokratie hat anderseits Umsatzsteuer und indirekte Abgaben nicht beraten wollen, ohne einen Überblick über alle direkten Steuerleistungen zu haben. Beide Forderungen sind berechtigt. Vielleicht sind sie beide aus rein agitatorischen Gründen gestellt. Und eine so wichtige Angelegenheit wie die Reichsfinanzreform darf nicht zur Parteifrage werden. Aber rein sachlich betrachtet, kann eine gewissenhafte Volksvertretung über eine solche Riesenreform tatsächlich nur in Kenntnis aller Teilgesetze beraten oder doch mindestens erst, nachdem ihr das Grundsätzliche der Gesamtreform bekanntgegeben ist. Denn eine Reform, die den einzelnen bis an die Grenze der Leistungsfähigkeit besteuert, und die Handel, Produktion und Konsum geradezu revolutionieren muß, kann erst richtig beurteilt werden, wenn ihre Gesamtwirkung auf die zukünftige Volkswirtschaft erkennbar ist. Hoffentlich hat wenigstens der Reichsfinanzminister davon bereits ein klares Bild. Die Nationalversammlung kann es nach den bisherigen Vorlagen des Ministers und nach seinen bisherigen Reden gar nicht haben.

Sie kennt ja noch nicht einmal den gesamten Bedarf, der aufzubringen ist. Erzberger schätzt den Gesamtbedarf für Reich, Einzelstaaten und Gemeinden auf 24 Milliarden Mark. Doch nach seinen eigenen Angaben ist in dieser Summe nichts von den Anforderungen der Entente enthalten. Eine Schätzung dieser Summe ist vorläufig tatsächlich unmöglich. Die Forderungen werden erst später ausgehandelt werden. Aber ohne sie ist auch eine Reform der Reichsfinanzen unmöglich. Schon deshalb, weil die Frage der Kriegsentschädigung für Deutschland ja nicht bloß ein Steuerproblem, sondern auch ein Zahlungsproblem, eine Valutafrage von höchster Bedeutung ist. Schon das zeigt, wie eng hier Staatsfinanzen, Volkswirtschaft, Staatswirtschaft und Währungsfrage für die Zukunft zusammengekoppelt werden. Nicht alles, was als Entschädigung festgesetzt werden wird, kommt für die bare Bezahlung in Frage. Ein sehr erheblicher Teil wird durch Verrechnungen beglichen. Aber für einen großen Teil der Verrechnungen und namentlich für alle Lieferungen von Schiffen, Kohlen und Chemikalien, sowie für alle Leistungen am Wiederaufbau Frankreichs und Belgiens müssen doch die deutschen Staatsbürger als Lieferanten, Arbeiter und Verlustträger aus Beschlagnahmungen entschädigt werden. Wie sieht es z. B. ferner mit den Entschädigungen der deutschen Banken und Exporteure für die Valutaverluste aus, die sie infolge der Bedingungen für Auslandsverrechnungen im Versailler Vertrag erleiden? Ohne solche müßten namentlich die deutschen Banken in ärgste Bedrängnis kommen. Durch diese Summen müßte der reine Reichsbedarf, den Erzberger mit jährlich 17,5 Milliarden veranschlagt, auf mindestens 25 Milliarden Mark steigen. Diese Schätzung ist eher zu optimistisch als zu düster. Es soll hier vorläufig nur vom Bedarf, noch gar nicht von der Frage der Deckung gesprochen werden. Aber eins ist ohne weiteres klar: die Deckung dieser mindestens 7,5 Milliarden, von denen der Reichsfinanzminister überhaupt noch nicht gesprochen hat, läßt sich doch nicht einfach durch Zusatzbesteuerungen heranschaffen. Wie kann man jetzt eine Reichsfinanzreform aufbauen, eine Besteuerung bis zur Grenze der Leistungsfähigkeit aller Gewerbe und Personen durchführen wollen, ohne bereits in der Grundlage des ganzen Systems diese Summe berücksichtigt zu haben? Will der Reichsminister diese Summe durch eine Anspannung über die Grenze der Leistungsfähigkeit aufbringen oder was hat er sonst für Pläne? Gedenkt die Nationalversammlung sich über diese spätere Milliardennotwendigkeit gar nicht den Kopf zu zerbrechen?

Aber das ist nicht der einzige Rechenfehler in der Erzbergerschen Finanzrechnung. Auch der von ihm errechnete Betrag des Reichsbedarfs in Höhe von 17,5 Milliarden darf nicht unbesehen hingenommen werden. Der größte Teil dieser Summe stammt aus dem Schuldendienst. Der Minister beziffert ihn auf 10 Milliarden. Er sagt selbst, daß er dabei von einer Kapitalschuld von rund 200 Milliarden ausgeht. Da man doch aber nicht nur Verzinsung, sondern auch Tilgung berücksichtigen muß, so ergibt sich bei einem Tilgungsfuß von nur ½ % eine Jahreslast von nicht 10, sondern 11 Milliarden, die auch wohl annähernd das Richtige trifft.

Sehr problematisch ist dann die Berechnung der Entschädigung an die Kriegsteilnehmer und deren Hinterbliebenen. Der Reichsfinanzminister beziffert sie auf 4,3 Milliarden. Er sagte in seiner Weimarer Rede, diese Summe werde anfangs noch steigen und später fallen, er habe den Beharrungszustand der Höchstjahre eingesetzt. Mit diesen Reliktenbeträgen ist es natürlich so, daß sie anfangs sehr hoch sind und später nach der Absterbeordnung und durch die Wiederverheiratung junger Witwen und das Mündigwerden von Kindern immer geringer werden, bis sie schließlich in ferner Zeit einmal ganz verschwinden. Man kann bei ihrer Deckung zwei Wege einschlagen: Entweder wird der jeweils nötige Betrag in jedem Etatsjahr angefordert oder man kapitalisiert die Durchschnittsnotwendigkeit zu einem Fonds, dessen Kapital mit dem Erlöschen der letzten Versorgungsverpflichtung aufgebraucht ist. Der letzte Weg wäre der richtigste, wenn man den Bedarf für solche Versorgung zur Grundlage einer umfassenden Reform machen will, die dauernde Einnahmen erschließen soll. Dieser Fonds wäre wahrscheinlich auf etwa 50 Milliarden zu berechnen, was einem Jahresbedarf von etwa 3 Milliarden gleichkäme. Dieser Weg ist nun allerdings bei der Überbelastung des Reiches scheinbar erschwert. Freilich nur scheinbar. Denn zur Bildung dieses Fonds könnte ja das Ergebnis des Reichsnotopfers benutzt werden. Aber wenn man die Erzbergersche Methode einschlägt, so ergibt sich zunächst eine sehr hohe Belastung des Etats zugunsten in späteren Jahren freiwerdender Beträge. Das macht die ganze Rechnung recht unklar.

Doch nimmt man für die nächsten Jahre die Erzbergersche Rechnung als gegeben und glaubt man ihm die sehr niedrige Einstellung der Wehrausgaben mit nur 1,5 Milliarden und der allgemeinen Verwaltungskosten mit 1,7 Milliarden, so bleibt auf alle Fälle ein um 1 Milliarde zu niedrig angesetzter Betrag des Bedarfes für den Schuldendienst. Mithin erhöht sich der reine Reichsbedarf von 17,5 auf 18,5 Milliarden Mark.

Die Folge davon ist, daß nicht bloß, wie der Reichsfinanzminister angibt, nach Annahme seiner neuen Steuervorlagen noch 4,5 Milliarden, sondern etwa 5,5 Milliarden Mark zu decken bleiben. Macht also ein noch vorhandenes Gesamtdefizit einschließlich der Entschädigungsrechnung von mindestens 13 Milliarden Mark allein für den Reichsetat.

## II. Erzbergers Deckungsrechnung.

Wie eben gezeigt, enthält die von uns rektifizierte Erzbergersche Bedarfsberechnung von jährlich 18,5 Milliarden noch nichts von den — an sich doch sicheren — Verpflichtungen Deutschlands aus dem Friedensvertrage. Die daraus entstehenden Verbindlichkeiten des Reiches ans Ausland und an eigene Staatsbürger müssen auf mindestens 7,5 Milliarden jährlich geschätzt werden, so daß also nicht, wie Erzberger annimmt, bloß 17,5 Milliarden, sondern zum allermindesten 26 Milliarden jährlichen Reichsbedarfes den Inhalt der Reichsfinanzreform bilden müsse.

Von dieser Summe glaubt der Reichsfinanzminister zunächst rund 7,5 Milliarden gedeckt durch die laufenden Steuern nach der Schätzung des Etats von 1914, durch die Mehrsteueraufkommen aus den Gesetzen von 1916—1918, durch die laufenden Steuervorlagen von 1919 und durch die ersparten Zinsen für Anleihen infolge des Kriegssteuerergebnisses für 1919. Es ist sehr schwierig, diese Ziffern nachzuprüfen. Den Zoll- und Steuerausfall durch die Abtretung wirtschaftlich sehr bedeutsamer Gebiete hofft der Reichsfinanzminister — wiederum sehr optimistisch — durch die Umgestaltung der Steuerverwaltung ausgleichen zu können. Aber welche Wahrscheinlichkeit hat es, daß Erträge und Mehrerträge, die für 1914—1918 geschätzt, oder sogar erzielt worden sind, in den Jahren 1919 und 1920 auch nur noch als annähernd richtig gelten können? Die tatsächlich eingetretenen Umschichtungen im Vermögen und Einkommen, die Verwilderung der staatsbürgerlichen Sitten, die Arbeitslosigkeit, sowie die Ungewißheit und Unsicherheit der Grenzen lassen jeden Vergleich ausgeschlossen erscheinen und machen zuverlässige Schätzungen beinahe unmöglich. Auch den besten Freund des neuen Reichsfinanzministers muß daher ein gewisses Bangen ob seiner unbefangenen Sicherheit beschleichen. Sie scheint weniger nachtwandlerisch als tagträumerisch. Aber immerhin: für seine Auffassung bürgen routinierte Geheimräte und das amtliche Material; trotz schwerster Bedenken wird man deshalb solche Schätzungen gelten lassen müssen, für die sich eben so viel wie gegen sie ins Feld führen läßt. Mit diesen Vorbehalten bleibt dann also noch ein ungedeckter Betrag von:

| | | |
|---|---|---|
| Erzbergersche Angabe . . . . . . | 10,0 | Milliarden |
| Korrektur des Schuldendienstes . . . | 1,0 | „ |
| Verpflichtung aus dem Friedensvertrag | 7,5 | „ |
| Insgesamt Mark | 18,5 | Milliarden |

Also genau noch eine Milliarde mehr, als der Reichfinanzminister überhaupt für den Jahresbedarf des Reiches in Rechnung setzt.

Von diesem Fehlbetrag sind nun diejenigen Summen abzusetzen, die aus der Umsatzsteuer und dem Reichsnotopfer einkommen sollen. Das Mehrerträgnis der Reichsumsatzsteuer schätzt Erzberger auf drei Milliarden Mark. Unter der Voraussetzung, daß die Steuervorlage so angenommen wird, wie sie im Reichsfinanzministerium ausgearbeitet ist, dürfte diese Schätzung sogar eher etwas zu niedrig sein. Bei einiger Belebung des Verkehrs kann die erhöhte Umsatzsteuer, die in sich eine Verbrauchssteuer wichtigster Konsumgegenstände und eine recht verständig gedachte und ausgebaute Komfortsteuer, außerdem aber auch eine Reklame- und eine Hotelsteuer enthält, mit Leichtigkeit einen Mehrertrag von 4 bis 4,5 Milliarden Mark bringen. Es wäre nicht zu optimistisch, sie schon für den Anfang mit 3,5 Milliarden Mark Mehrertrag in die Rechnung einzusetzen.

Dann aber kommt eine wilde Orgie Erzbergerscher Phantasie: Die Vermögensabgabe, das „Reichsnotopfer". Der Jahresertrag des Opfers wird mit 2,5 bis 3 Milliarden Mark vom Reichsfinanzminister veranschlagt. Das bedeutet zunächst schon eine etwas vorsichtigere Einstellung, als man es nach den ersten Fanfaren in Erzbergerschen Kundgebungen erwarten sollte. Denn zunächst hieß es, das Reichsnotopfer werde einen Ertrag von 70 Milliarden Mark bringen. Das würde für Verzinsung und Tilgung der Anleihen unter Annahme einer Annuität von 5,5 Prozent etwa 3,75 Milliarden ausmachen, und selbst wenn man die Tilgung gar nicht berücksichtigt, noch immer 3,5 Milliarden. Die jetzige amtliche Schätzung des Jahresertrages des Notopfers auf 3 Milliarden bedeutet einen Kapitalertrag von nur etwa 55 Milliarden. Aber auf Grund welcher Tatsachen ist man denn berechtigt, ein Ergebnis von solcher Höhe zu erwarten?

Wenn vor dem Kriege das deutsche Nationalvermögen auf ungefähr 300 Milliarden veranschlagt würde, so waren sich alle Fachmänner doch darüber einig, daß davon im besten Falle 150 bis 180 Milliarden auf steuerpflichtigen Privatbesitz entfielen. Nun hat sich der Geldwert des Vermögens während des Krieges ganz erheblich vermehrt. Man rechnete mindestens mit einer Verdoppelung, so daß also in der günstigsten Kriegszeit eine besteuerbare Materie vou etwa 300 Milliarden Mark vorhanden gewesen wäre. Aber wo sind diese Zeiten? Inzwischen ist der Krieg verloren gegangen und eine Revolution von ganz besonderer Eigenart hat in Handel und Industrie geradezu unübersehbare Verhältnisse geschaffen. Die Verluste deutscher Kaufleute, Kolonisten und Kapitalbesitzer im Auslande zählen nach vielen Milliarden. Die Auslandschulden von Deutschlands Handel und Industrie haben sich dagegen infolge der Valutaverhältnisse verdreifacht. Das reiche Elsaß-Lothringen, wirtschaftlich besonders wertvolle Teile des östlichen Preußens sind aus den deutschen Steuerlisten gestrichen. Aber vor allem: Durch die wilden Sozialisierungen sind große Geschäftsvermögen erheblich reduziert, durch die Streiks sind die Erträgnisse ganz wesentlich gesunken. Die Aktienkurse sind vielfach gestürzt, man denke doch auch einmal daran, daß allein auf den deutschen Kriegsanleihen ein Verlust von nahezu 20 Prozent ruht. Schon infolge der Zinsfußveränderung während des Krieges ist es mit anderen festverzinslichen Papieren ähnlich gegangen. Bei den Aktienwerten, Kuxen usw. aber beträgt die Entwertung 33,33 bis 50 Prozent des höchsten Inflationswertes. Es ist sicher nicht anzunehmen, daß auf diese Weise für die Besteuerung mehr als 200 Milliarden Mark Kapitalfundus übrig bleibt. Um so weniger als die famose Stichtagfestsetzung auf den 31. Dezember 1919 auch noch jedem Staatsbürger die gehörige Muße läßt, zu verstecken, zu verschleiern und zu verlieren.

Es nimmt sich ja nun allerdings sehr stattlich aus, wenn in der Notopfervorlage ausgerechnet wird, daß der zu erhebende Steuersatz bis auf 63,92 Prozent steigt. Aber doch erst bei einem Vermögen von 100 Millionen. Bei einer Million werden nur 24,43 Prozent, bei zwei Millionen 33,44 und bei drei Millionen 38,95 Prozent erhoben. Nun mögen trotz des gestiegenen Geldwertes die Vermögen von einer Million und mehr im besten Fall 15 Prozent des steuerbaren Vermögens ausmachen. Mindestens 70 Prozent entfallen jedenfalls auf die Vermögen von 200000 Mark und darunter, deren Steuersatz bei 6000 Mark mit 1,66 Prozent anfängt und bei 200 000 Mark mit 12,62 Prozent endet (genau 200 000 Mark Vermögen entrichten 10,40 Prozent Steuer). Da bleibt auf keinen Fall ein höherer Durchschnittssatz als 15 Prozent rund übrig. Das würde also bei einem steuerbaren Vermögen von 200 Milliarden

Mark ein Erträgnis von höchstens 30 Milliarden Abgabe ausmachen*).

Aber ob selbst diese Summe zu erreichen ist, scheint noch höchst fraglich. Denn schon bei der Feststellung der steuerpflichtigen Vermögen muß doch berücksichtigt werden, daß erst letzthin der Zuwachsgewinn während der Kriegszeit sehr radikal besteuert worden ist, wodurch zum Teil ja auch die Aufblähung der Nominalwerte erfaßt worden ist. Außerdem: die Ermäßigung des Wertansatzes bei landwirtschaftlichen Grundstücken und die Steuerfreiheit der Stiftungen. Ferner sind bei der Ermittlung des Durchschnittssteuerfußes noch gar nicht die vielfachen Abweichungen von der Norm berücksichtigt, die die Vorlage vorsieht. So das zweifache Kinderprivileg, das Steuerfreiheit von 5000 Mark für jedes zweite und weitere Kind und eine Ermäßigung des Steuersatzes auf 10 Prozent für das der Zahl der Kinder entsprechende Vielfache von 50000 Mark vorsieht. Erwägt man die sich so noch ergebende Veränderung für die Schätzung von Kapital und Steuerfuß, so wird man nur äußerst zaghaft das Kapitalergebnis der Einschätzung mit 200 Milliarden, den Durchschnittsabgabesatz auf 15 Prozent und das Steuerergebnis mit 30 Milliarden beziffern.

Einem Kapitalergebnis des Reichsnotopfers von 30 Milliarden würde aber nur eine jährliche Annuitätsersparnis von 1,6 Milliarden entsprechen. Infolgedessen bleibt hinter der Erzbergerschen Rechnung, die auf ein Erträgnis von 2,5 bis 3 Milliarden jährlich aus dem Reichsnotopfer rechnet, die Wirklichkeit um etwa 1,4 Milliarden zurück. Selbst wenn man also, wie wir es tun zu können glauben, den Mehrertrag der Umsatzsteuer mit 3,5 statt nur 3 Milliarden bucht, so ergibt

*) Kuczynski errechnet im „Plutus" (Jahrgang 1919, Seite 291 ff.) einen — ihm aber selbst nicht ganz wahrscheinlichen — Höchstbetrag von 37,999 Milliarden aus. Er schätzt dabei das gesamte steuerbare Vermögen auf 260,4 Milliarden Mark.

sich aus den neuen Steuervorlagen eine Gesamtdeckung von höchstens 5,1, nicht aber von 6 Milliarden.

In Wahrheit ohne Selbsttäuschung stellt sich mithin die Gesamtrechnung mindestens so:

Jahresbedarf des Reiches:

| | | |
|---|---|---|
| Nach Erzbergerscher Berechnung . . . | 17,5 | Milliarden |
| Mehr für Schuldendienst gegenüber der Erzbergerschen Berechnung . . . . . | 1,0 | „ |
| Mindestbelastung aus dem Friedensvertrag | 7,5 | „ |
| Mark | 26,0 | Milliarden |

Voraussichtliche Deckung:

| | | | |
|---|---|---|---|
| Aus Steuern 1914—1919 nach Erzbergerscher Annahme . . | 7,6 Milliarden | | |
| Umsatzsteuer . . . . . | 3,5 „ | | |
| Reichsnotopfer . . . . | 1,6 „ | 12,7 | Milliarden |
| Bleiben mithin ungedeckt: Mark | | 13,3 | Milliarden |

jährlich. Das macht gegenüber der Erzbergerschen Defizitrechnung nur die kleine Differenz von 9,5 Milliarden aus.

Nun kann man natürlich der hier aufgestellten Rechnung den Vorwurf machen, daß sie mit einem ganz unbestimmten Faktor, den Belastungen aus dem Friedensvertrag, arbeitet. Unbestimmt ist dieser Faktor allerdings, aber nicht ungewiß. Denn wenn irgend etwas gewiß in der zukünftigen deutschen Finanzrechnung ist, so die Notwendigkeit der Einstellung vieler Milliarden Kriegsverpflichtungen in die Jahresetats. Nur über die Höhe kann man streiten. Kaum darüber jedoch, daß der Betrag zwischen 6 und 10 Milliarden Mark sich belaufen muß. Und in unsere Rechnung ist eine Summe eingesetzt, die dem Minimum näher liegt als dem Maximum. Diese Summe aber überhaupt nicht zu berücksichtigen, wie das der Reichsminister tut, ist — bei aller Hochachtung vor der subjektiven Ehrlichkeit des Ministers — objektiv eine Täuschung.

Und zwar eine sehr verhängnisvolle. Denn mit der in Aussicht gestellten Reichseinkommensteuer wird der Ring der direkten Reformsteuern geschlossen sein. Der Rest soll durch indirekte Abgaben aufgebracht werden. Der Reichsfinanzminister hat in der Nationalversammlung die Friedensverpflichtung zwar erwähnt, aber sie nicht beziffert. Aus seinen Zahlenbildern blieb bei den Abgeordneten und im Volk nur haften, daß nach Umsatzsteuer und Vermögensabgabe noch 4,5 Milliarden zu decken bleiben. Ein paar Milliarden, so nimmt jeder an, entfallen davon auf die Reichseinkommensteuer und dann ein Rest auf die indirekten Steuern. Aber kann ein gewissenhaftes Parlament ein alle Kräfte des Volkes bis zum letzten anspannendes System von direkten Steuern bewilligen, wenn hinterher noch (selbst wenn man die Reichseinkommensteuer auf mehr als 2 Milliarden veranschlagt) 11 Milliarden mindestens zu decken sind? Muß sie nicht für den Gesamtbetrag den Gesamtrahmen des Systems und der Methode festsetzen? Elf Milliarden lassen sich doch nicht systemlos anflicken, weder in Gestalt direkter noch in Form von indirekten Steuern.

## III. Die Demagogie des „Notopfers".

Die mit einem sehr geschickten Schlagwort als „Reichsnotopfer" bezeichnete große Vermögensabgabe wird, wie oben nachgewiesen, die auf sie vom Reichsfinanzminister Erzberger gesetzten finanziellen Erwartungen nicht erfüllen. Sie wird keinen Kapitalertrag von 70 Milliarden, sondern höchstens einen solchen von etwa 30 Milliarden erbringen, und sie kann daher für die Deckung des Jahresetats des Reiches nicht 2,5 bis 3, sondern höchstens 1,6 Milliarden Mark bedeuten. Sie ist aber auch über das rein finanzielle Moment hinaus die größte Fehlspekulation in den Erzbergerschen Plänen. Ja mehr als das: sie hindert den systematischen Ausbau des neuen Finanzgebäudes. Sie ist als Gesamtplan wie in ihren Einzelheiten demagogisch und deshalb ein arger Mißgriff innerhalb einer Reform, die unabhängig und jenseits von Parteiinteressen und Klassenegoismus stehen sollte.

Man muß sich, um das in vollem Umfange einzusehen, daran erinnern, daß die jetzige Finanzreform sich nicht bloß auf den Reichsbedarf erstrecken kann. Der Übergang der Finanzhoheit von den Einzelstaaten auf das Reich ist wesentlich dadurch bedingt worden, daß das Reich die Besteuerung von Einkommen und Vermögen nicht mehr entbehren kann. Es braucht die direkten Steuern in einem so hohen Maße, daß es fortan weder die verschieden hohen Belastungen noch die buntscheckigen Besteuerungs- und Belastungsmethoden der diversen Landesregierungen, ebensowenig aber die noch bösere Ungleichartigkeit der kommunalen Zuschläge zu den Staatssteuern bestehen lassen darf. Die Einzelstaaten werden in Zukunft anteilsberechtigt an dem Ertrag der direkten Reichssteuern sein. Für die Gemeinden wird nicht viel mehr abfallen als eine Art von Inkassogebühr für die von ihnen zu erhebenden Steuerbeträge. Das bedeutet eine völlige Umwälzung für die Finanzgebarung der Einzelstaaten und in den Gemeinden, zumal ja außerdem Erbschaftssteuer, Zuwachssteuern, Kriegsabgabe und Reichsnotopfer auch noch Kapital und Einkommen, von denen Einzelstaaten und Gemeinden steuern können, erheblich schwächen. Hier ist die Erschließung neuer Einnahmequellen schon in Anbetracht des bisherigen Finanzbedarfes dringend notwendig. Aber dieser Bedarf hat sich doch ganz erheblich erhöht. Erzberger selbst hat das Mehr auf drei Milliarden geschätzt. Der Gesamtbedarf von Staaten und Kommunen beläuft sich nach seinen Angaben auf 6,5 Milliarden Mark im Jahre. Der Reichsfinanzminister nimmt an, daß von diesem Bedarf der Gliedstaaten und der Gemeinden nur noch 3 Milliarden neu gedeckt zu werden brauchen, weil der bisherige Bedarf in Höhe von 3,5 Milliarden aus alten Quellen gedeckt werden kann. Jedoch er übersieht dabei — wieder weniger sachkundig als optimistisch —, daß von rund 3,5 Milliarden Einkünften, die bisher vorhanden waren, mindestens eine Milliarde in Zukunft fortfallen müssen. Teils wegen der wirtschaftlichen Veränderungen in den Gemeinden und ihren Betrieben, teils wegen der Veränderungen der Schätzung von Einkommen und Vermögen durch die Reichssteuern, teils wegen der Unmöglichkeit, neben den hohen Reichssteuern noch die früheren Steuersätze zu erheben. Die Gesamtetatsrechnung für Reich, Gliedstaaten und Gemeinden ergibt mithin folgendes Bild:

Jahresbedarf:

| | | | |
|---|---|---|---|
| Reichsetat nach der von uns korrigierten Erzbergerschen Rechnung . . . . . | | 26 | Milliarden |
| Etats der Einzelstaaten und der Gemeinden | | 6,5 | " |
| Insgesamt: | | 32,5 | Milliarden |

Deckung:

| | | | |
|---|---|---|---|
| Von uns korrigierte Erzbergersche Berechnung für das Reich . . | 12,7 | | |
| Bisherige Einnahmen der Gliedstaaten und Gemeinden abzüglich einer Milliarde Fehlbetrag | 2,5 | 15,2 | " |
| Fehlbetrag: | | 17,3 | Milliarden |

Die Deckung dieses ungeheuerlichen Fehlbetrages ist allein Gegenstand der Sorge des Reichs. Das Reich kann unmöglich seinen Gliedern die Steuerquellen entziehen und es ihnen dann überlassen, sich irgendwoher Einnahmen zu verschaffen. Nicht bloß etwa aus Gründen der Loyalität gegen seine Glieder, sondern mindestens ebensosehr in seinem und seiner Staatsbürger eigensten Interesse. Denn es geht nicht, daß an irgendeiner Stelle durch einen Staat oder eine Gemeinde die Einkommensbildung gestört oder in eine unerwünschte Richtung gelenkt wird, und daß die Leistungen überspannt werden. Das Reich hat in Zukunft die Steuerausschreibung der Staaten und Kommunen zu überwachen und ihr die Wege zu weisen. Es muß eben den Grundriß des Steuerbaues nicht nur für sich selbst, sondern für alle steuerberechtigten Subjekte gemeinsam zeichnen. Sie alle müssen sich in das Generalsystem eingliedern. Und deshalb ist auch jede Berechnung täuschend, die nicht davon ausgeht, daß der Generalplan zur Reichsfinanzreform außer allem, was bisher an Deckungen vorhanden ist, noch die Deckung von 17,5 Milliarden vorsehen muß. Die Unterverteilung zwischen Reich und Gliedstaaten und Gemeinden ist erst eine Sorge zweiter Ordnung. Aber bevor man verteilt, muß man etwas haben.

Und die Quellen des Ertrages muß sämtlich das Reich auffinden und erschließen. Und jede Quelle muß von Reichs wegen daraufhin untersucht werden, ob sie anderen — vielleicht wichtigeren — den Zufluß schmälert oder trübt.

Vom Reichsnotopfer haben wir nun schon gesagt, daß es die bisherigen Steuerquellen der Bundesstaaten und der Gemeinden in ihrem Flusse beeinträchtigt, weil es Einkommen und Vermögen mindert. Früher schon habe ich in der „Vossischen Zeitung" und im „Plutus" auf das volkswirtschaftliche Bedenken aufmerksam gemacht, das in der starken Schwächung des Privatkapitals durch die Vermögensabgabe liegt, die eine Erschwerung der Bildung von Anlageüberschüssen aus Einkommen und Vermögen bedeutet und sicher eine weitere Verminderung der Produktivität der ohnehin schon bis zur Konkurrenzunfähigkeit geschwächten deutschen Industrie zur Folge haben muß. Nun ist in der Begründung zum Notopfer dieses wahrhaftig schwerwiegende Bedenken — nicht etwa widerlegt, sondern — mit einer nichtssagenden Phrase beiseite geschoben worden. Aber ich brauche mich heute mit dieser Seite der Frage gar nicht zu befassen, denn praktisch kommen derartige Befürchtungen volkswirtschaftlicher Art heute kaum noch in Betracht: Das Reichsnotopfer tritt zwar sehr pomphaft auf dem Papier als Vermögensabgabe auf. In Wirklichkeit ist das aber eine demagogische Verschleierung. Tatsächlich ist das Notopfer teils eine Erbabgabe, teils eine dreißig — in der Landwirtschaft fünfzig — Jahre lang zu zahlende Abgabe, deren Höhe nach dem am 31. Dezember 1919 im Besitz der Zensiten befindlichen Vermögen gemessen wird. Denn zweifellos werden in dieser bequemen Form die meisten Steuerpflichtigen die Abgabe entrichten. Schon deshalb, weil die sofortige Bezahlung durch das Steuergesetz geradezu erschwert wird. Denn nur Kriegsanleihe und reichsmündelsichere Wertpapiere werden bestimmt in Zahlung genommen. Über die Annahme anderer Werte werden später Bestimmungen getroffen. Der Gedanke der grundsätzlichen allgemeinen Staatsbeteiligung wird ängstlich umgangen. Es ist aber auch schon deshalb wahrscheinlich, daß die Form der Rentenzahlung von den allermeisten Steuerzahlern gewählt werden wird, weil niemand vorauswissen kann, was in dreißig Jahren los sein, wie dann Staatsgewalt, Regierungsform und Abgaberegelung im Deutschen Reich aussehen werden.

Darin liegt aber auch die Gefahr der Form der Rentenabgabe für den Staat. Auch der Staat vermag nicht auf dreißig Jahre vorauszudisponieren. Er kann wohl bestimmen, daß jemand dreißig Jahre lang zahlen soll, aber er kann nicht die Staatsbürger gegen Verluste und gegen Konjunkturschwankungen versichern. Er wird in Zukunft an allen Konkursen als Leidtragender beteiligt sein. Er trägt das volle Risiko der gefährdeten Vermögen, ohne anderseits an der Chance des Neuaufbaus und des Neuwerdens aus dem großen Umwertungsprozeß der Zukunft beteiligt zu sein. Die Rentenzahlung birgt eben die große Gefahr für das Reich, daß die Jahreserträgnisse ungewiß und durchaus nicht gleich sein, sondern die Neigung zeigen werden, sich langsam aber ziemlich sicher verdünnen.

Man kann dagegen einwenden, daß es ja dem Reich durch den Ausbau der Vermögensbesteuerung doch ein leichtes sein wird, auch die neu aufkommenden Vermögen zum Ausgleich zu erfassen. Der Ausbau des Steuersystems nach dieser Richtung wird sogar eine ernste Notwendigkeit werden, er sollte eine Selbstverständlichkeit sein. Gerade weil das Reich die direkten Steuern bis zur Erschöpfung der Leistungskraft jedes Steuerzahlers ausbauen und weil es auch Einzelstaaten und Kommunen Ersatz für ihre Ausfälle bieten muß, wird es auch das Vermögen als Steuermaßstab nicht entbehren können. Das sollte nicht durch besondere Vermögenssteuern, auch nicht durch besondere Zuwachssteuern, sondern im Rahmen eines ganz großzügig angelegten Reichseinkommensteuergesetzes geschehen. Ein solches Gesetz hätte zunächst eine Abgabe auf das Einkommen vorzusehen, die nach der Höhe des Einkommens gestaffelt ist. An diese Grundabgabe schließen sich Zuschläge an. Diese Zuschläge gliedern sich nach der Einkommensquelle. Einkommen aus Arbeits- und Dienstverträgen zahlen die niedrigsten, Einkommen aus Vermögen die höchsten Abgaben. In sich sind diese Einkommenquellensteuern wieder gestaffelt. Einmal nochmals nach der Höhe der Einkommen und dann nach der weiteren Zergliederung der Quellen: Das Vermögenseinkommen aus deutschen Staatsanleihen zahlt niedrigere Abgabe als das Einkommen aus ausländischen Wertpapieren und aus Aktien. Alle Zuschläge berücksichtigen außerdem in der Staffelung die absolute Höhe des Vermögens und die Vermehrung im vergangenen Etatsjahre und ziehen auch das ertraglose Vermögen in ihren Bereich, namentlich gewisse Arten, wie den Besitz von Luxusgärten und unbebauten städtischen Grundstücken. Die Grundtaxe wird beweglich gestaltet, um aus praktischen und budgetrechtlichen Gesichtspunkten die Reichsrechnung, wie der Seemann sagen würde, „lehnig" zu gestalten.

Aber ob man nun so oder anders die Vermögensbesteuerung ausbauen will, immer muß sich das „Notopfer" als ein schweres Hindernis erweisen. Denn man muß in Zukunft vorbelastete und freie Vermögen unterscheiden. Eine systematische, alle Vermögen erfassende Besteuerung ist gar nicht möglich, wenn vom selben Vermögen der eine Teil schon mit einer Abgabe belegt, der andere Teil frei ist, wieder andere Vermögen ganz belastet, und noch wieder andere ganz frei sind. An Stelle jener Klarheit, die erste Vorbedingung jeder umfassenden systematischen Besteuerung sein müßte, entsteht eine heillose Konfusion, wie sie eben Dilettanten anrichten, die mutig überallhin den ersten Schritt tun, weil sie nicht wissen, wohin schon der zweite Schritt führt. Das Notopfer verbaut in seiner jetzigen Form jeder Ertragserweiterung direkter Steuer für das Reich alle Möglichkeiten.

Dabei erreicht es noch nicht einmal irgendeinen der Zwecke,

den es erreichen will. Wie fraglich die Erreichung des angestrebten finanziellen Zieles ist, wurde oben bereits dargelegt. Es soll nun angeblich auch volkswirtschaftlich die Aufgabe haben, am Preisabbau mitzuwirken. Das wäre — vielleicht — eine der Wirkungen einer auf einmal zu zahlenden großen Vermögensabgabe gewesen, die sofort Vermögen, Einkommen und damit auch Kaufkraft ermäßigte. Jedoch die jetzt dekretierte Rentenabgabe kann nach dieser Richtung, wenn überhaupt, so doch nur ganz allmählich und nur in der Weise wie jede Einkommensteuer wirken. Nehmen wir den früher errechneten Durchschnittssteuerfuß von 15 Prozent, so bedeutet er in dreißig Jahren eine Abgabe von einem halben Prozent vom Vermögen jährlich, d. h. bei einer angenommenen Durchschnittsverzinsung der Einkommen von 4 Prozent eine Minderung der Jahreseinkommen um 12 Prozent. Um diesen Ausfall an Kaufkraft zu erzielen, bedurfte es keines feierlich verkündeten „Opfers".

Dann sollte die Vermögensabgabe eine wichtige anleihepolitische und währungspolitische Rolle spielen. Der Reichsfinanzminister hat in beweglichen Worten dargelegt, daß ihm nichts so viel Sorge mache, als die hohe schwebende Schuld des Reiches. Dieser angstvollen Klage ist durchaus zuzustimmen. Denn die Fortschaffung der schwebenden Schuld, die namentlich die Reichsbank belastet, ist für die Rückkehr zur Ordnung in unserer Währung erste Voraussetzung. Die Möglichkeit, mit einer anf einmal fälligen großen Kapitalsabgabe die schwebende Schuld des Reiches sofort aus der Welt zu schaffen, wäre sogar die Inkaufnahme anderer Nachteile wert gewesen. Aber wie will denn nun eigentlich der Reichsfinanzminister mit einer über 30 bis 50 Jahre sich erstreckenden Rentenleistung sofort 40 Milliarden schwebender Schulden aus der Welt bringen? Ja, wie will er denn dieses Problem überhaupt lösen? Wie will er die Reichsbank reinigen? Der deutschnationale Abgeordnete Hugenberg hat die Aufbringung des Notopfers in Form einer Zwangsanleihe vorgeschlagen. Dieses System birgt manche Schwierigkeit und Unklarheit und es läßt sich manches dagegen einwenden. Aber der währungspolitischen Seite des deutschen Finanzproblems würde die Hugenbergsche Zwangsanleihe erheblich besser beikommen, als die Erzbergersche Rente.

Es rächt sich hier eben der Demagoge Erzberger an dem Finanzminister Erzberger. Aus demagogischen Gründen wird nach links das „Opfer der Reichen" ausgetutet, aus demagogischen Rücksichten auf rechts soll aber dann jeder Anschein von Enteignung, Sozialisierung usw. vermieden werden. Deshalb wird das Opfer in Opferchen zerlegt. Geopfert wird dabei vor allem die Vernunft und die Zweckmäßigkeit. Dabei wird aber nicht einmal der erstrebte große demagogische Zweck erreicht. Denn das Volk glaubt an keine Belastung der Reichen, es sieht in der Rente keine Kapitalsleistung, sondern allenfalls eine Höherstaffelung der Einkommensteuer, die noch genug große Vermögen und Einkommen übrig läßt. Die deutschen Finanzdemagogen haben weder den Mut, den Massen klar zu machen, daß große privatwirtschaftliche Kapitalien für den Betrieb des volkswirtschaftlichen Kapitals — vorläufig oder überhaupt — notwendig sind, noch den Mut, diese Kapitalien zu rasieren oder auch nur zu schwächen. Sie lassen auf der einen Seite ohne Widerrede in der Nationalversammlung sagen, daß „es überhaupt in Deutschland keine Millionäre mehr geben dürfe", auf der andern Seite bauen sie den Millionären goldene Brücken. Das kann auf die Dauer nicht gut tun. Besonders nicht bei einem Defizit von 17,3 Milliarden Mark.

## IV. Das Wesen indirekter Steuern.

Von direkten Steuern bleibt zur Deckung dieses Defizits nur noch die Reichseinkommensteuer übrig. Wie bereits erörtert, ist ihr wirklich systematischer Ausbau (namentlich die Berücksichtigung der Vermögenslage der Zensiten) durch das Reichsnotopfer gehemmt. Bei der Berechnung ihrer Ertragsmöglichkeit muß berücksichtigt werden, daß sie die Abfindung an Einzelstaaten und Gemeinden für die früher von ihnen erhobenen direkten Steuern mitenthalten muß. Wenn man mithin den Ertrag dieser Steuer für das Reich sehr hoch veranschlagt, so kann man allenfalls hoffen, daß sich aus ihr noch drei bis vier Milliarden ziehen ließen. Wahrscheinlich ist das eine Illusion! Aber sie mag vorläufig als Wirklichkeit prunken dürfen, und die Reichseinkommensteuer soll mit einer Summe von 3,3 Milliarden Mark zur Abrundung unter die Deckungsbeträge eingestellt werden. Dann bleiben immer noch 14,3 Milliarden Mark ungedeckt.

Was aber nun? Die Ergiebigkeit der direkten Steuerquellen ist erschöpft. Das böse und politisch heikle Kapitel der indirekten Steuern muß aufgeschlagen werden. Es ist dabei schon — außer durch einige kleine Steuern, namentlich durch die Umsatzsteuer — nicht völlig unberührt geblieben. Bereits aber haben die Sozialdemokraten — aus Furcht vor der Agitation der Unabhängigen — in Weimar erklärt, daß sie alle indirekten Steuern (auch die Umsatzsteuervorlage) nicht beraten wollen, bevor sie nicht die Gesamtheit der direkten Steuern übersehen. Aus den Worten des mehrheitssozialdemokratischen Redners klang jene alte Abneigung gegen die indirekten Steuern wieder hervor aus der Zeit, da von sozialdemokratischen Ministern und Reichspräsidenten noch keine Rede war. Diese Stimmung der hauptsächlich regierenden Partei erklärt auch, weshalb der Reichsfinanzminister die angeblichen Bedarfsziffern nur auf das knappste bemessen hat, und weshalb er es für gut befand, einen ungedeckten Saldo von „nur" 4—5 Milliarden an den Schluß seiner Rechnung zu stellen. Denn wenn er den Abgeordneten gesagt hätte, daß Reich, Staat und Gemeinde gemeinsam Gegenstand ihrer finanziellen Sorgen sein müssen, und daß vorläufig für mehr als 17 Milliarden noch keine Deckung vorhanden ist, so wäre es wahrscheinlich zu einer sehr heftigen grundsätzlichen Auseinandersetzung über die Frage der indirekten Steuern gekommen. Und die sollte vermieden werden.

Vermutlich halten der Reichsminister und seine Kabinettskollegen diese Taktik für besonders geschickt. Aber auf die Dauer können sie mit allen Mitteln auch der geschicktesten Taktik diese grundsätzliche Auseinandersetzung vielleicht hinausschieben, aber nicht endgültig verhindern. Wäre es da nicht besser, sie zu beschleunigen? Wahrlich, wenn nicht leider die Demagogie eine so große Rolle auch bei der Finanzreform spielte, so müßte es die oberste Pflicht des Finanzministers sein, sofort und selbst der Katze die Schelle umzuhängen, den vollen riesenhaften Bedarf klarzulegen und offen zu erklären, daß diese Summe mit direkten Steuern auch nur zum größten Teil aufzubringen ein Ding der Unmöglichkeit ist. Es ist endlich einmal eine grundsätzliche Revision der Anschauung von den indirekten Steuern notwendig. Die Theorie der indirekten Steuern darf nicht mehr bloß aus dem Gesichtswinkel phrasenhafter Agitation betrachtet werden. Selbst wenn all das, was man früher gegen indirekte Steuern vorbrachte, zuträfe, so könnte man sie jetzt doch nicht entbehren. Aber: wie steht es denn überhaupt um jene alten Einwände?

Die Gegnerschaft gegen die indirekten Steuern entstammte

in der Hauptsache der als selbstverständlichen Tatsache hingenommenen Behauptung, daß die ärmeren Klassen durch sie mehr belastet werden als die wohlhabenderen. Das scheint so lange zuzutreffen, wie die indirekten Steuern in der Hauptsache auf den notwendigen Bedarf der Massen gelegt werden, wie Brot, Fleisch, Fett, Salz usw. Aber schon hier muß man die absolute Leistung an Steuern und die relative Belastung des Einkommens durch die Steuer auseinanderhalten. Auch an Massensteuern zahlt doch der Reiche mehr als der Arme. Denn er verzehrt von Brot, Fleisch usw. entsprechend seiner größeren Kaufkraft erheblichere Mengen. Nur ist der Prozentsatz vom Einkommen, der auf den Kauf hoch belasteter notwendiger Artikel für Nahrung und Kleidung entfällt, um so höher, je niedriger das Einkommen ist. Dazu kommt auch, daß erfahrungsgemäß die Kopfzahl der Familie mit steigendem Einkommen sinkt, wogegen allerdings parallel der Steigerung des Einkommens die Zahl der Bedienten zu steigen pflegt, die die Einkommensbelastung der Herrschaft durch indirekte Steuern erhöht. Immerhin bestand die nicht zu übersehende Gefahr der indirekten Massensteuern in alter Zeit darin, daß bei zu hoher Belastung die Lebenshaltung der Arbeiterschaft sehr verschlechterte. Freilich hatte das selbst nach der Theorie der orthodoxen Sozialdemokratie durch das eherne Lohngesetz seine Grenze. Konnte nach diesem Gesetz der Lohn des Arbeiters nie erheblich über die Selbstkosten der Regeneration der Arbeitskraft (notwendiger Aufwand für Nahrung und Kleidung) steigen, so konnte er doch auch auf die Dauer nicht erheblich unter dieses Niveau sinken. Mit anderen Worten: eine zu hohe Belastung auf indirektem Wege mußte durch Lohnerhöhung, also durch Vergütung des Unternehmers wieder wettgemacht werden. Nun ist in der jetzigen Zeit die Gefahr wirklich nicht sehr groß, daß die Arbeiterklasse sich den Lohn zu sehr drücken läßt. Es hieße doch die Macht der Gewerkschaften unberechtigt gering einschätzen, wenn man annehmen wollte, die Arbeitslöhne würden nicht zu der Quote des unbedingt notwendigen Lebensbedarfes dauernd einen recht ansehnlichen „Komfortzuschlag“ behalten.

Aber diese ganzen Argumentationen knüpfen in der Hauptsache an den früheren Zustand an, — an eine Zeit, da nur ganz wenige „Massenartikel“ in des Wortes eigentlicher Bedeutung *von indirekten Steuern betroffen wurden*. Alle sogenannten Luxussteuern wurden bisher von Theorie und Praxis verworfen, weil sie nichts einbrachten. Man kannte eben nur die beiden Extreme: Massenverbrauchssteuern und Luxussteuern. Man faßte außerdem den Begriff „Luxus“ allzu eng. Erst neuerdings hat sich die Idee der generellen Aufwandsteuer Bahn gebrochen, die jeden Verbrauch trifft. Eine richtig ausgebaute Aufwandsteuer, die auf dem Wege der Umsatzbesteuerung bequem erhoben werden kann, ist zwar eine indirekte, aber trotzdem eine nichts weniger als ungerechte Steuer. Denn sie trifft in erster Linie den Verbrauch der besser Situierten. Sie trifft gerade ihn außerdem zweifach: einmal durch die generelle Besteuerung jeden Umsatzes, die den Wohlhabenden, weil er mehr verbraucht, absolut stärker und auch im Verhältnis zu seinem Einkommen mindestens nicht weniger als den Ärmeren trifft, und dann zweitens: indem jede bessere Qualität — nicht bloß der eigentliche Luxus — zu einem höheren Satze besteuert und damit ein gerechter Ausgleich herbeigeführt wird. Eine solche Steuer kann Milliarden bringen, und eine solche Steuer ist gerecht, obwohl sie auf indirektem Wege erhoben wird.

Bleibt die Frage der Belastung und Warenverteuerung durch indirekte Steuern überhaupt. Das Problem, wie weit denn durch Zölle oder Verbrauchssteuern die Preise der versteuerten Gegenstände auch wirklich um den vollen Betrag der Steuern erhöht werden, ist im Hin und Her der Agitationsphrasen nie völlig einwandfrei geklärt worden. Aber es sei einmal angenommen, daß die Preiserhöhung der Waren tatsächlich in vollem Umfange ihrer Belastung durch Zölle und Steuern folge. Wen kann das heute noch schrecken? Wie winzig nehmen sich heute die Brotpreisbelastungen aus, um die früher die heftigsten Wahlschlachten gekämpft worden sind. Die Kriegsnot hat die Preise um Hunderte von Prozenten in die Höhe getrieben. Die planlose Lodderwirtschaft, die jetzt die fremden Valuten immer weiter in die Höhe treibt (ist es ein *Zufall, daß seit Wissells Fortgang sich der Preissturz der* Mark im Ausland beinahe von Woche zu Woche verschärfte?), bedeutet für die Belastung des deutschen Konsums unendlich viel mehr als alle indirekten Steuern der Vergangenheit oder der Zukunft. Gelänge es, die Kriegspreise abzubauen und die Valuta zu verbessern, dann würde im Verhältnis zu der dadurch eintretenden Erleichterung die Belastung durch Massenkonsumsteuer, Aufwandsteuer und Luxussteuer überhaupt keine Rolle mehr spielen. Der Dollar ist heute statt 4,25 Mark in Deutschland fast 20 Mark wert. Das heißt: für den deutschen Markt ist amerikanisches Getreide um 350 Prozent verteuert. Man denkt da doch geradezu mit Neid an die alten Zölle. Und nur Politiker und Parteien, die entweder nichts gelernt haben oder um der leichten agitatorischen Wirkung auf die unwissenden Massen willen das Gelernte nicht anwenden wollen, können jetzt noch aus Gründen der Volksbelastung die indirekten Steuern bekämpfen.

Aus diesen und anderen Überlegungen geht klar hervor, daß die Regierung die Diskussion des Problems der indirekten Steuern nicht im mindesten zu scheuen brauchte. Dann täte sie aber aus einer ganzen Reihe von Gründen gut, von sich aus und so schnell wie möglich Parlament und Volk mit diesen Fragen zu befassen. Denn abgesehen davon, daß schon aus der Betrachtung der allgemeinen Finanzlage des Reiches sich die Notwendigkeit einer ganz weitgehenden Inanspruchnahme indirekter Steuermethoden ergibt, wird fast der gesamte Mehrbedarf der Kommunen, der mindestens auf 1—1,5 Milliarden Mark zu veranschlagen ist, durch indirekte Steuern aufzubringen sein. Und zwar wird sich hier sogar wahrscheinlich der bittere Zwang ergeben, mindestens einen Teil der Mehrausgaben durch Abgaben auf notwendige Massenbedarfsartikel zu decken. In der Wirkung wird ein Teil der kommunalen Besteuerung — wie man endlich einmal offen eingestehen sollte — den früher so verhaßten Oktrois auf Fleisch, Mehl und Brot gleichkommen.

Will man sich denn innerhalb der Regierung durchaus der Erkenntnis verschließen, welches Maß der Erbitterung sich innerhalb der Bevölkerung geltend machen muß, sobald die Minister die Vorbereitung der Massen auf solche bittere Notwendigkeit den Agitatoren ihrer gegnerischen Parteien überlassen? Es ist ja sehr bequem, wenn die jetzige Koalitionsregierung die Rosinen der direkten Steuern aus dem Kuchen für sich herauspickt. Das mag ihr für die Wahlen auch ein gutes Zeugnis sichern. Aber dann soll sie wenigstens wahrhaftig dabei zu Werke gehen und sagen, welchen riesenhaften Bedarf sie ungedeckt ihren Nachfolgern überläßt. Ehrlichkeit ist hier auch die beste Politik. Denn leicht kann sich die Taktik der jetzigen Regierung auch gegen ihre eigenen Parteien richten, wenn diese nämlich in den nächsten Reichstag wiederum als Mehrheit zurückkehren und dann als neue Regierung ihre Debetsalden selbst begleichen müssen.

So viel Schuld an dem Schweige- und Verschleierungsverfahren der Regierung man auch auf das Konto einer von ihr für klug gehaltenen politischen Taktik buchen mag, zum größten Teil wird doch sicher ihr Verhalten, wie auch in anderen Dingen, von dem völligen Mangel an neuen Ideen diktiert. Nicht nur, daß sie selbst vielfach noch allzusehr in die Gedankengänge der agitatorischen Vergangenheit verstrickt ist, um selbständig Gründe und Gegengründe der indirekten Steuern nachzuprüfen und mit dem Ergebnis solcher Nachprüfung vor das Volk zu treten. Vor allem fehlt ihr auch die Originalität, um die notwendigen neuen F o r m e n für die indirekte B e s t e u e r u n g zu suchen. Nicht einmal die N o t w e n d i g k e i t dafür scheint man im Reichsfinanzministerium erkannt zu haben. Aber glaubt man denn die früher so bequem brauchbare Form der Zölle unter den veränderten Zeitverhältnissen überhaupt noch aufrecht erhalten zu können? Reine Finanzzölle kann man ja freilich auch fernerhin so viel erheben, wie man will. Aber schon ihr Erträgnis ist sehr zweifelhaft. Denn der Schutz gegen die Einfuhr, den man früher so mühsam durch die Errichtung von Zollschranken aufbauen mußte, wird jetzt viel wirksamer — ja allzu wirksam — durch die schlechte Valuta ausgeübt. An eine Einfuhr in solchem Stil, daß aus Einfuhrzöllen wesentliche Einnahmen für die Staatskasse erwachsen, ist deshalb kaum zu denken.

Doch auch die Form der Verbrauchssteuern wird auf die Dauer in alter Weise nicht aufrecht zu erhalten sein. Der Ruf nach „Sozialisierung" wird selbst von der politisch reaktionärsten Regierung mindestens insoweit erfüllt werden müssen, als sie gezwungen sein würde, an die Stelle von Verbrauchssteuern Monopole in all denjenigen Zweigen einzurichten, die dafür geeignet scheinen: Zündhölzer, Spiritus, Petroleum, Tabak, Kohle, Salze und Müllerei zum mindesten. Die Monopolisierung dieser und anderer Artikel durch den Staat, die sowieso erfolgen muß, würde gleich — gewissermassen als Nebenprodukt — die Möglichkeit ergeben, den Kleinverkauf der monopolisierten Gegenstände den Kommunen zu überlassen. Die Kommunen — die gegebenen Einkaufsgenossenschaften — würden dadurch und durch die Kommunalisierung des Backens und Schlachtens nicht nur die Möglichkeit von Finanzeinnahmen, sondern auch der ausreichenden Entschädigung der Kleinhändler durch kontrollierte Übertragung des Kleinverkaufs haben.

Nun bedeutet aber das Monopol an sich keine neue Form. Die Tatsache, daß der Staat einen Teil der Wirtschaft besorgt, um daraus finanzielle Früchte zu ziehen, ist ja weder neu, noch war sie je erfreulich. Es besteht keinerlei begründete Hoffnung, daß die jetzige Regierung etwas anderes als staatskapitalistische Monopolwirtschaft treiben würde. Das müßte aber das Ende jeder Wirtschaftlichkeit bedeuten. Und gerade auf Wirtschaftlichkeit, auf Erhöhung der Produktivität kommt es an. Die muß der Staat mit allen Mitteln fördern. Finanzpolitik ist im neuen Deutschland gleichbedeutend mit aktiver auf Erhöhung der Produktivität gerichteter Wirtschaftspoltik. Daß die Regierung diese Aufgabe keineswegs erkannt hat, dafür ist die von ihr der Umsatzsteuer gegebene Form, ebenso charakteristisch wie ihre Post- und Eisenbahnpolitik.

## V. Die Irrwege des Fiskalismus.

Ist es nicht bloß eine Phrase, wenn man verlangt, Reichsfinanzpolitik müsse in Zukunft auf Erhöhung der Produktivität gerichtete Reichswirtschaftspolitik sein? Wir stellten diese Forderung im letzten Kapitel auf und erklärten im Zusammenhang damit, daß der Staat nicht — auch nicht in Form von Monopolen — Wirtschaft treiben dürfte. Eben weil dadurch die Produktivität der Wirtschaft zu kurz komme. Was ist Sinn und Keim dieser sich scheinbar widersprechenden Auffassungen und Vorschläge?

Es ist notwendig, sich immer wieder den Ausgangspunkt jedes Lösungsversuches der deutschen Finanzreform vor Augen zu führen: Bedarf des Reiches, der Gliedstaaten und der Gemeinden ist 32,5 Milliarden jährlich; an Deckungsmitteln sind bisher 15,2 Milliarden vorgeschlagen; mithin bleiben rund 17,3 Milliarden Mark im Jahre ungedeckt. Wenn davon selbst noch durch die Einkommensteuer über 3 Milliarden aufgebracht werden, so bleibt trotz allem ein Manko von 14 Milliarden Mark. Dieses Manko ist kein gewöhnliches Defizit. Es ist ein Loch. Nur ein Finanzkunststopfer kann versuchen, es zu stopfen. Er darf aber nicht nur die Kunst des Stopfens und Flickens perfekt verstehen, er muß sich sogar sein Stopfmaterial selbst erst erfinden. Das vorhandene reicht nicht aus. Er läuft dauernd Gefahr, daß die Knappheit seines Stopfgarns ihn zwingt, an dem Gewand so herumzuzerren und herumzureißen, daß nebenan neue Löcher entstehen. Mit anderen Worten: Jede neue Steuer untergräbt die Ergiebigkeit der bereits beschlossenen oder bringt nicht so viel, wie man von ihr erwartete, weil von ihrem Ertrag erst der Ersatz für die vielen Millionen abgezogen werden muß, die für die alten Steuern aus der gleichen Materie bereits in den Etat eingesetzt waren. Aber selbst wenn man alle solche Schwierigkeiten glücklich überwinden könnte: es ist noch gar keine Bürgschaft vorhanden, daß das bis jetzt gewirkte Steuergewebe aus haltbarem Stoff hergestellt ist. Es enthält Steuern, die auf dem Einkommen, auf dem Vermögen, auf der Kapitalbewegung aufgebaut sind. Bei einem Teil von ihnen ist es schon sehr fraglich, ob sie den augenblicklichen Stand von Einkommen, Vermögen und Kapital richtig einschätzen. Aber die meisten von ihnen rechnen damit, daß Einkommen und Vermögen in der gleichen Höhe wie jetzt auf viele Jahrzehnte bleiben und sich sogar vermehren. Solche Rechnung wäre unter normalen Verhältnissen nach menschlichem Ermessen gewiß berechtigt. Aber das setzt doch eine geordnete und übersehbare Wirtschaft voraus. Und der größte Optimist kann augenblicklich für die deutsche Wirtschaft diese Voraussetzung nicht als gegeben ansehen: Die Einfuhr ist unmöglich, die Ausfuhr ist durch Mangel an Rohstoffen und Arbeitswilligkeit gestört. Die deutsche Volkskraft ist durch Hunger und Elend untergraben. Was uns augenblicklich als wirtschaftendes Sein erscheint, ist ein Gespensterleben, Betriebsamkeit ohne Leistung, Hasten ohne Nutzeffekt, Lehrlaufen einer komplizierten Maschinerie. Und dabei müßte doch eigentlich, weil ein Teil der deutschen Arbeit nach den Bedingungen des Friedensvertrages für die Feinde Frondienst zu leisten hat, unendlich viel mehr als früher geschafft werden, wenn die eigene Volkswirtschaft wieder annähernd im alten Umfange aufgebaut werden soll. In Wirklichkeit muß der, der sich nicht selbst etwas vormachen will, eingestehen, daß überhaupt kein volkswirtschaftliches Fundament in Deutschland vorhanden ist, auf dem eine gesunde Finanzwirtschaft von Dauer aufgebaut werden kann. Solch Fundament muß sich der deutsche Finanzpolitiker erst schaffen. Der Fiskus war früher ein

Lebewesen, für das die Volkswirtschaft die Rolle spielte, wie der gütige Vater im Himmel für die Vögel auf dem Felde: der Fiskus säte nicht, er erntete nicht, und die Volkswirtschaft ernährte ihn doch. Aber jetzt muß der Staat, wenn er ernten will, säen. Denn die alte Volkswirtschaft ist zertrümmert. Sie muß planmäßig wieder aufgerichtet werden. Der Staat muß Wirtschaftspolitik treiben, er muß die Einzelwirtschaften in den Stand setzen, Ertrag abzuwerfen, es ihren Nutznießern — den Arbeiterproduzenten und Unternehmerproduzenten — ermöglichen, Einkommen zu erwerben und Vermögen zu sammeln und zu vererben. Denn wie soll er sonst die Steuerprozente erheben?

Hier liegt auch der Kern der Notwendigkeit einer Planwirtschaft. Man klammere sich doch nicht an den speziellen Begriff von Planwirtschaft, den die Wissellschen Denkschriften geschaffen haben. Man halte nur fest: Planwirtschaft ist nicht Zwangswirtschaft sondern organisierte Wirtschaft. Das Wesen der Planwirtschaft liegt nicht in irgendeiner Form ihrer Durchführung, sondern im Planmäßigen überhaupt. Der freie Handel mag eine segensreiche Einrichtung sein, doch der klügste freie Händler kann nicht einführen, wenn die Valuta weiter sinkt, und nicht ausführen, wenn ihm die Rohstoffe fehlen und die Arbeiter in den Fabriken nicht arbeiten. Nur der Staat und die Gesetzgebung können ihm die Voraussetzung für seine Betätigung schaffen. Und die Produktion kann nicht aufgebaut werden, wenn an der knappen Rohstoffdecke alle zu gleicher Zeit zerren und wenn durch regellose Ausfuhr die, die Einfuhr hindernde, Valuta sich weiter verschlechtert. Deshalb muß der Staat Ordnung in der Reihenfolge der Versorgung schaffen. Er muß die Einfuhr der Rohstoffe regeln und dafür sorgen, daß zu allererst die inländische Urproduktion gefördert wird. Landwirtschaft und Bergbau sind die beiden Säulen allen Wirtschaftens, die zunächst aufzurichten sind. Und endlich kann nicht darauf losproduziert, der Rohstoff nicht nach Willkür und Laune verbraucht werden. Deckung des notwendigsten Inlandbedarfs und Herstellung ausfuhrsicherer Waren haben an die erste Stelle zu rücken. Und von ihnen müssen so große Mengen wie möglich mit möglichst geringem Zeit-, Material- und Kostenaufwand hergestellt werden. Der Staat muß mithin auch die Formen suchen, durch welche die Verfeinerung und Erhöhung der Produktivität gewährleistet werden. Nur eine in solcher Weise planmäßig aufgebaute Wirtschaft kann einzig und allein sich wieder aus sich selbst heraus, durch die ihr innewohnende Lebenskraft festigen, sich erweitern und die Grundlage zu neuen Erträgen, Einkommen und Vermögen schaffen. Und deshalb ist Finanzpolitik heute nicht anders denn als aufbauende Wirtschaftspolitik möglich. Daher kann man die Finanzen nicht reformieren ohne die Wirtschaft um- und neuzugestalteu. Und deswegen darf der Finanzminister nicht bloß Sparer und Steuerausschreiber sein, sondern er muß Mut, Zähigkeit und Ideenfülle genug besitzen, um auch Reformator der deutschen Wirtschaft zu sein.

Während man in Deutschland sich über die Zukunftsfragen deutscher Wirtschaft noch zankt, handelt man bereits in England. Auch dort fehlt es nicht an Stimmen, die die Rückkehr zur alten Ungebundenheit fordern. Aber Lloyd George bleibt der Ueberlieferung der alten englischen Staatsmänner treu, in Wirtschaft und Politik das zu tun, was zur Festigung und Ausbreitung englischer Staatsmacht nötig ist. Der Kampf der englischen Wirtschaft braucht sich im Augenblick nicht mehr gegen den in Atome zerschlagenen Kontinent zu richten. Die Gefahr der allernächsten Zukunft ist Amerika mit seinem überlegenen Dollarkurs und seiner für die Invasion wohlvorbereiteten expansionslüsternen Technik und Industrie. Deshalb treibt England bereits Planwirtschaft, um seine Handelsbilanz zu heben, es fördert die Rationalisierung der Industrieproduktion und verbindet damit gleichzeitig die geistige Eingliederung der Arbeiterschaft in den nationalen Produktionswillen. Die dem englischen

Parlament unterbreiteten Vorlagen über die Kohlenwirtschaft und die Elektrizitätserzeugung bedeuten an konsequenter Planwirtschaft und an Sozialisierung mehr als das ganze so bunt zusammengewürfelte Wirtschaftsprogramm der deutschen Regierung Bauer-Schmidt. Und England hat keine Revolution gehabt, keinen Krieg verloren und keine zerbrochene und innerlich fallite Wirtschaft! Aber seine Führer sehen eben ein, daß selbst die Sieger des furchtbaren Weltkrieges die Lücken ihres Staatsetats nicht mit der alten, überlieferten Finanzpolitik decken können. Auch sie müssen von Staats wegen planmäßig die Erträge der Privatwirtschaften vermehren oder gar neu erzeugen, um aus ihnen Steuern ziehen zu können.

Wie wenig dagegen in Deutschland die leitenden Persönlichkeiten erkannt haben, daß die staatliche Ankurbelung des Wirtschaftslebens unter den heutigen Verhältnissen selbst für jede freie Wirtschaft unerläßlich wäre, dafür legen gewisse Gedankenlosigkeiten der Finanzreformvorlagen beredtes Zeugnis ab. Der Reichsfinanzminister hat in Weimar von der Erhöhung der Posttarife gesprochen, und der preußische Eisenbahnminister kündigte bereits die weitere wesentliche Erhöhung der Personen- und Gütertarife an. Beide Minister haben sich dabei gegen den Vorwurf eines engherzigen Fiskalismus verwahrt: Sie wollen beileibe nicht etwa Überschüsse erzielen, sondern nur der Defizitwirtschaft ein Ende machen. An sich ein gewiß löbliches Beginnen. Allein charakteristisch ist, daß sie zu diesem Ziele den breit ausgetretenen Weg aller Monopolinhaber gehen: den Weg der ansbeutenden Preiserhöhung. Auf diesem Wege aber ist ihr Ziel überhaupt nicht zu erreichen. Denn jede Preiserhöhung bedeutet Einengung des Umsatzes, d. h. Verschlechterung des Verhältnisses der Einnahmen zu demjenigen Teil der Generalunkosten, die unter allen Umständen aufzuwenden sind. Besonders bei den Eisenbahnen, wo ja ohnehin schon Kohlen und Mangel an Arbeitslust eine solche Einschränkung der Einnahmen bringenden Tätigkeit erzwingen, daß ein Gleichgewicht zwischen Einnahmen und Ausgaben überhaupt nicht mehr herzustellen ist. Wenn die Eisenbahnen folgerichtig nach dem jetzt üblichen fiskalischen System weiter verfahren wollen, so müßten sie als Ersatz für jedes Dutzend ausfallender Züge von neuem die Preise erhöhen. Dann würden sie zum höchsten Tarifsatz automatisch in den Augenblick gelangen, wo nur noch ein einziger Zug fährt. Diese zugespitzte Darlegung zeigt so recht die Unsinnigkeit des angewandten Prinzips. Der einzig mögliche Weg für die Herstellung des Gleichgewichts wäre eben auch hier die Rationalisierung der Arbeit und des Betriebes. (Wo bleibt die Inangriffnahme des Reichseisenbahnbetriebes?) Der Techniker muß bei der Neugestaltung von Bahnen, Post und Telegraphie die Vorhand bekommen. Der Techniker und der kaufmännische Bureauorganisator. Die durch diese beiden geschaffenen höheren Leistungsmöglichkeiten müssen dann durch Tarife und Portosätze ergänzt werden, die den Verkehr anreizen, anstatt ihn abzustoßen. Nicht bloß die Wiederherstellung der alten Tarifsätze, sondern ihre erhebliche Verbilligung in naher Zukunft muß das Ziel selbst jeder rein fiskalischen Politik sein. Denn, wenn überhaupt, dann kann nur auf diesem Wege das Geschäft der Postverwaltung und des Eisenbahnfiskus eine kaufmännisch normale Bilanz erzielen.

Jedoch diese ganze Gedankenreihe bewegt sich noch immer auf der Linie des alten Finanzsystems, aufgebaut auf dem Ressortpartikularismus: wie jeder Einzelstaat seine Geschäfte neben dem Reiche und gegen das Reich führte, so führet sie auch der Ressortchef jedes einzelnen Reichsbetriebes als eigener Geschäftsherr. Sein Ehrgeiz bestand darin, Überschüsse zu erwirtschaften, und schmunzelnd strich dann am Schluß des Fiskaljahres der Reichsschatzsekretär die Erträgnisse aller Ressorts ein. Nach außen hin erkennbar ist dabei niemals die Überlegung hervorgetreten, ob denn nicht etwa die Profitgier und falsche Finanzpolitik eines Einzelressorts die Gesamteinnahmen des

Reiches um viel mehr zu schädigen vermögen als das betreffende Ressort zu ihnen beisteuert. Jeder Fiskus ist doch nur Zweigstelle eines Gesamtwirtschaftsorganismus. Worauf es aber ankommt, ist: die Bilanz des Gesamtgeschäftes. Rein kaufmännisch angesehen bedeutet das, daß der Reichsfiskus genau so wie der Inhaber eines großen Geschäftshauses alle diejenigen Dienste dem Publikum gegen ganz geringes Entgelt oder sogar mit Verlust leisten muß, die dazu beitragen, die Umsätze zu vermehren und damit den Gesamtgewinn zu erhöhen. Dadurch, daß der Geschäftsmann die Beförderung der gekauften Waren erleichtert, den Kunden den Aufenthalt in seinem Hause so angenehm wie möglich macht, verkauft er mehr Waren, ebenso wie durch eine großzügige und kostspielige Reklame anderer Art. Gewiß kann der Kaufmann die dadurch entstehenden Ausgaben seiner Kundschaft nicht schenken. Aber er wird eben durch den vergrößerten Umsatz und die dadurch erzielten Mehrgewinne schadlos gehalten. Was aber würde man von einem Kaufmann halten, der auf dem Fuhrparkkonto, dem Bindfadenkonto und dem Reklamekonto einen Gewinn erzielen wollte?

Will man denn nicht endlich einsehen, daß in der fiskalischen Wirtschaft genau so verfahren werden muß wie im Handelshause und im Fabrikationsgeschäft! Eisenbahn, Post und Telegraphie sind die Werbekonten der Steuerwirtschaft. Nur wenn Reisen, Schreiben, Telegraphieren, Versenden und Reklame den Kaufleuten und Industriellen erleichtert werden, können ihre Umsätze wachsen, ihre Erträge sich erhöhen, große Lohnsummen bezahlt, Einkommen erzielt und Vermögen angesammelt werden. Nur so kann der Aufbau erfolgen, nur so kann auch die Auslandkonkurrenzfähigkeit wiederhergestellt werden, denn die Kalkulation ist zum großen Teil eine Frage des Umsatzes. Und nur so kann daher auch Aussicht auf Besserung der Valuta sich eröffnen.

Jetzt endlich muß einmal das richtig verstandene Staatsinteresse von dem falschen Fiskalismus befreit werden. Die

Besteuerung des Verkehrs ist nicht deshalb zu verwerfen, weil sie verkehrsfeindlich an sich ist, sondern vor allem weil und wo sie um ein paar hundert Millionen willen den Staat um Milliarden schädigt. Deshalb ist auch die Umsatzsteuer an sich durchaus zu billigen. Aber nur dort, wo sie lediglich als neue und steuertechnisch bequeme Form der indirekten Steuer auftritt. Da bringt sie Milliarden und bedeutet — namentlich in der Kleinhandels- und Luxussteuer — nur eine Vorwegnahme einer Steuer auf den Aufwand aus bereits erzieltem Einkommen. Aber die — ganz willkürlich in die Umsatzsteuer eingeflochtene Inseraten- und Reklamesteuer ist eine typische Schädigungsteuer für den Gesamtfiskus. Der Reichsfinanzminister hat sich darauf berufen, daß diese Steuer im Lande populär sei. Kommt es jetzt darauf an? Wer ein Riesenfinanzgebäude aufrichten will, muß den Mut haben, unpopulär zu sein.

Mit diesen Beobachtungen sind wir wieder bei dem Kernproblem der deutschen Finanzreform angelangt, von dem der Beginn dieses Kapitels ausging: Reichsfinanzpolitik ist Reichswirtschaftspolitik und hat die Neuaufrichtung deutscher Arbeit mit erhöhter Produktivität zur Aufgabe. Nur wenn ihr die Lösung dieser Aufgabe gelingt, ist die Deckung des riesigen Finanzbedarfs und die Abtragung der Kriegslast möglich. Sonst droht der Bankrott, der weder durch schöne Reden, noch durch „populäre" Steuern, noch durch die anderen Mittelchen eines flachen Fiskalismus abgewendet werden kann.

## VI. Monopole, Profit und Privatinitiative.

Zu den Formen der indirekten Besteuerung muß, aus früher bereits dargelegten Gründen, in stärkerem Maße, als das bisher in Deutschland üblich war, die Monopolisierung einer ganzen Anzahl von Produkten durch den Staat gehören. Die meisten Gründe, die man früher gegen Monopole ins Feld führte, so viel oder wenig Berechtigung sie an sich auch haben mögen, verlieren angesichts der ganz besonderen Notlage der Reichsfinanzen jede Diskussionsfähigkeit. Nur dasjenige muß auch heute noch — ja heute sogar mehr als je berücksichtigt werden, was gegen die Unwirtschaftlichkeit staatsmonopolistischer Betriebsformen spricht. Denn Unwirtschaftlichkeit heißt Schmälerung der Einnahmen. Selbst dann, wenn das Monopol den Ausschluß der Konkurrenz dazu benutzt, den Preis der monopolisierten Artikel selbstherrlich hoch festzusetzen. Denn der Staat heimst auf diese Weise doch niemals den ganzen möglichen Gewinn ein, weil ihm derjenige Teil des Nutzens entgeht, der durch die Verbilligung der Gestehungskosten erzielt werden könnte. Und bei einem noch ungedeckten Defizit von mehr als 14 Milliarden Mark darf kein Prozentteilchen dem Finanzminister entbehrlich erscheinen. Zumal mit Rücksicht darauf, daß durch einen Reichsaufschlag beim Kleinverkauf monopolisierter Gegenstände den Gemeinden eine Einnahmequelle eröffnet werden muß, und mithin der Staat die Großverkaufspreise nicht allzu hoch wird hinaufschrauben dürfen. Außerdem wird die Verbilligung der Gestehungskosten, die im wesentlichen die Erzielung eines möglichst großen Nutzeffektes mit einem möglichst geringen Aufwand von Kraft, Material und Zeit bedeutet, schon aus Gründen des Materialmangels erfordert werden müssen. Denn es geht nicht an, daß die im Staatsdienst stehenden Betriebe Rohstoffe gegen das Interesse der Volkswirtschaft verschwenden.

Auch beim Aufbau der neuen Monopolwirtschaft lautet also das Problem: Verfeinerung des Produktionssystems und Erhöhung der Produktivität. Zur unmittelbaren Lösung kann hier nur der Techniker berufen sein. (Dem nun überhaupt endlich die Stellung in Beratung und Leitung eingeräumt werde, die ihm lange genug nicht ohne Schuld der Nichtsalsjuristen vorenthalten worden ist.) Aber es ist sicher kein Zufall, daß gerade im Staatsbetrieb und namentlich da, wo der Staat ohne Konkurrenz arbeitete, der technische Fortschritt sich am schwersten durchsetzen konnte. Wenn man vielfach mit Recht sagen konnte, daß der Staat am teuersten und unrentabelsten arbeitete, so war das zwar die Konstatierung einer unbestreitbaren durch die Erfahrung erwiesenen Tatsache, aber nicht etwa die Feststellung eines wissenschaftlichen Gesetzes. Denn im Prinzip wäre der Staat nicht nur ebenso rationell zu arbeiten geeignet wie der Privatbetrieb, sondern er könnte diesen sogar übertreffen. Denn Geld und Geisteskräfte stehen ihm viel reichlicher und leichter zur Verfügung als einer großen Reihe von Privatbetrieben. Aber er verwendet in der Regel gerade seine reichen materiellen Möglichkeiten verschwenderisch nach der Richtung der Vermehrung der Betriebskosten (namentlich durch Verschwendung menschlicher Arbeitskraft). Denn er ersetzt eben jeden notwendig werdenden Einnahmeausgleich durch Preiserhöhungen. Bei der Privatunternehmung lebt der Unternehmer vom Profit, den er erzielt, und eine Anzahl seiner leitenden Angestellten sind durch Gewinnanteile in der gleichen Richtung interessiert. Die Möglichkeiten der Preiserhöhung sind durch die Gesetze der freien Konkurrenz — mehr oder weniger eng, jedenfalls aber — begrenzt. Und selbst bei den modernen Kartellen wehren sich die leistungsfähigen Unternehmungen gegen zu hohe Preisfestsetzungen, die die Ausdehnung des Umsatzes und damit die günstige Ausnützung der Generalunkosten hemmen. Infolgedessen ist der Privatunternehmer gezwungen, zu versuchen, seinen Profit durch dauernde Verbesserung der Technik zu erhöhen. Die freie Initiative des Unternehmers wird durch die Peitsche des Profitinteresses im Getriebe des privatkapitalistischen Systems ganz automatisch nach dieser Richtung gedrängt, was natürlich auch der Gesellschaft durch Erhöhung der Produktivität der nationalen Arbeit zugute kommt.

Für den Aufbau eines neuen Monopolsystems darf mithin das rein staatswirtschaftliche System, das alte Geheimratsmonopol nicht in Frage kommen. Der Staat darf überhaupt nicht wirtschaften, sondern nur treiben und regeln. Die neue Lösung des Monopolproblems muß darauf hinauslaufen, die betriebstechnischen Vorteile des privatkapitalistischen Systems in den Dienst des Staates und der Allgemeinheit zu zu stellen. Das ist nur zu erreichen, wenn die Privatinitiative eines am Profit interessierten Unternehmers erhalten bleibt. Da die Machtbefugnis der Preisbestimmung durch den Staat als Monopolinhaber von der Unternehmerfunktion losgelöst und selbst übernommen ist, so liegt nach dieser Seite hin keine Möglichkeit der Profitsteigerung vor. Und es ist nun die Aufgabe der neuen Monopolverfassung, das Profitstreben des Unternehmers in die Richtung der Verbesserung der Produktivität zu drängen.

Das neue Monopolsystem wird mithin eine Kombination von staatlicher Belieferung, staatlichem Vertrieb und privatwirtschaftlicher, aber staatlich reglementierter Produktion sein. Es knüpft an die privatwirtschaftliche Organisationsform der Kartelle an, die in ihrer entwickeltsten Form am einfachsten sich in den Kohlensyndikaten darstellt. Das rheinisch-westfälische Kohlensyndikat ist eine Gesellschaft mit ganz geringem Aktienkapital, daß laut Vertrag mit sämtlichen Kohlenzechen allein berechtigt ist, die von den angeschlossenen Gruben geförderten Kohlen zu vertreiben. Gleichzeitig haben sich diese Gruben gegenseitig und dem Syndikat gegenüber verpflichtet, ihm diejenigen Mengen zu liefern, die nach Maßgabe ihrer Förderfähigkeit und der vom Syndikat ermittelten Absatzfähigkeit ihnen auferlegt werden. An Stelle des Syndikats tritt hier nun in Zukunft — eventuell durch Verstaatlichung des Syndikats — der Staat. Der äußere Vorgang bleibt völlig gleich: die Gruben liefern an den Staat, der allein zum Absatz berechtigt ist. Aber der Staat schreibt die Lieferpreise vor, er bestimmt ferner den Arbeitslohn, die Arbeitsdauer und die sozialhygienische und sozialfürsorgliche Belastung. Die Kapitalisierung und Unternehmungsform der Gruben, die rechtliche und moralische Verantwortung der Leiter bleiben unverändert. Die Lieferungspreise werden so bestimmt, daß bei rationeller Wirtschaft für normal kapitalisierte und normal bewirtschaftete Unternehmungen eine angemessene, aber knappe Rente bleibt. Es wird nunmehr das Bestreben der Unternehmer sein, diese Rente zu erhöhen. An der staatlichen Preisfestsetzung ist nicht zu rütteln. Bleibt mithin zur Erreichung der Unternehmerabsichten nur die Ermäßigung der Unkosten. Diese Ermäßigung aber ist weder durch vermehrte Ausbeutung der Arbeitskraft, noch durch Lohnherabsetzungen, noch durch Ersparnisse an den Schutzvorschriften möglich, sondern lediglich durch technische Verbesserungen im gewerblichen Produktionsprozeß oder im kaufmännischen Bureaubetrieb. Die enge Begrenzung des reinen Preisnutzens sowie die Festlegung einer Reihe von Unkostenfaktoren durch den Staat wirkt also hier — als Ersatz der Wirkung der freien Konkurrenz — durch die Einschaltung der Privatinitiative und die Erhaltung des Profitinteresses automatisch in der Richtung der Erhöhung der Produktivität: Der

Unternehmer kann seinen Ertrag und sein Einkommen erhöhen, wenn er dafür den nützlichen Gegenwert der Verbesserung des Arbeitsprozesses an die Gesellschaft liefert. Woraus dann der Fiskus wiederum seinen Nutzen in Form höherer Besteuerungsmöglichkeiten aus Einkommen, Vermögen, Erbschaft und Aufwand zieht.

Dieses System läßt sich mit Leichtigkeit auf die Monopolisierung aller Erzeugnisse ausdehnen, die sich nach ihrer Art überhaupt zur Monopolisierung eignen. Beim Tabak zum Beispiel würde sich als Grundlage der Organisation die Monopolisierung des Tabakeinfuhrhandels, die staatliche Belieferung der Zigarren- und Zigarettenfabriken mit Rohtabaken zu bestimmtem Preise und die Verpflichtung der Fabriken zur Ablieferung ihrer Erzeugnisse an die staatliche Monopolverwaltung ergeben. Bei der Begrenzung des Profites von Fabrikationsunternehmen im Rahmen der Monopolien wäre stets darauf Rücksicht zu nehmen, daß sie in der Lage bleiben, auch der kapitalistischen Seite des Produktivitätsproblems Rechnung zu tragen. Es wird Sache der Aufsichtsbehörde sein, darüber zu wachen, daß genügend Rücklagen gestellt werden, um die nötigen Mittel für technische Verbesserungen zu reservieren. Ganz im Gegensatz zu der bisher üblichen kleinlichen vom falschen Fiskalismus diktierten Steuermaxime, bei der der Unternehmer jede Mark Abschreibung dem Fiskus abringen muß.

Es kommt also darauf an, die freie Initiative in den monopolisierten Apparat einzuschalten. Und zwar so oft, wie es irgend angeht. Nur das, was unbedingt beamtenmäßig verwaltet werden muß, soll in einer an die Formen alter Staatswirtschaft erinnernden Weise geführt werden. Das gilt genau so wie für den eigentlichen Produktionsprozeß auch für alle anderen Stadien der einzelnen Monopolgefüge. Wo also die Einfuhr monopolisiert ist, wird ebenfalls der Vorteil der Betriebstechnik des Privatkapitalismus erhalten. Der Kaufmann wird nicht vom Geheimrat verdrängt, er wird nicht ausgeschaltet, sondern im Gegenteil da eingeschaltet, wo seine Kenntnis und Gewandtheit von Nutzen ist. Das gerade ist ja das Kennzeichen des neuen Monopolsystems: Alles Fachliche dem Fachmann, dem Kaufmann, Techniker und Fabrikanten. Aber nicht etwa in Gestalt des kaufmännisch geschulten Beamten oder des bureaukratisierten Kaufmanns, sondern als wirtschaftlich interessierten, innerhalb der vom Staat gezogenen Grenzen frei disponierenden Unternehmer. Und diese Grenzen sind — in ihrer Beengung sowohl als auch hinsichtlich ihrer Erweiterungsmöglichkeiten — so abgesteckt, daß der Unternehmer in seinem Streben nach Profit das Ziel dieses Strebens nur in einer Weise erreichen kann, die zum Nutzen der Allgemeinheit ausschlägt und direkt wie indirekt gleichzeitig auch Vorteil für den Steuerfiskus bringt.

Die hier vorgeschlagene Form der Monopolisierung hat ja gerade, von dem fiskalischen Gesichtspunkt aus betrachtet, zunächst den Vorteil, daß das nach bestimmten Richtungen gesenkte Profitbegehren solcher individuellen Monopolwirtschaften den Arbeitsprozeß aufs äußerste rationalisieren und deshalb auch den Monopolertrag erhöhen wird, dann aber auch gleichzeitig, daß bei Unternehmer, Betriebsleitern, Angestellten und Arbeitern die Einkommensbildung beweglich und steigerungsmöglich bleibt, so daß auch die Zunahme der direkten Steuern wie in der völlig freien Wirtschaft als wahrscheinlich gelten darf. Es wird auf diese Weise eben endlich die so lange erlehnte Entbeamtung der Staatsmaschine erzielt, die an Stelle von uninteressierten Festbesoldeten beweglich — durch Unternehmerertrag, Tantieme und Akkord — entlohnte, seelisch und materiell interessierte Mitarbeiter des Staates setzt. Außerdem aber ist das hier vorgeschlagene Monopolsystem das einzige, das die Finanzmisere des Reiches nicht durch hohe Abfindungen noch vermehrt, ja sogar die ganze schwierige Frage der Entschädigungen völlig ausschaltet. Denn der Unternehmer bleibt in seinem Betrieb und zieht weiter Nutzen aus ihm. Für die Begrenzung seines Nutzens und wegen der staatlichen Direktive für die Erweiterungsmöglichkeiten kann er keinen Entschädigungsanspruch erheben. Ebensowenig wie wenn aus Gründen der Staatsnotwendigkeit durch hohe direkte Steuern ein großer Teil des Ertrages der Unternehmung seiner Verwendung entzogen würde.

Innerhalb eines jeden so, wie vorstehend dargestellt, organisierten Monopolgefüges bleibt aber die Sorge für die Erhöhung der Produktivität nicht dem Einzelunternehmer allein überlassen. Die Generaldisposition hat die Monopolleitung, die ähnlich zusammengesetzt ist wie die alten Kartellleitungen. An ihrer Spitze steht der Monopoldirektor, der auf Vorschlag der Gesamtheit der Monopolunternehmer und der leitenden Staatsbeamten des Monopols vom Reichswirtschaftsministerium bestellt wird. Ihm zur Seite steht der Produktionsrat, in dem jedes Unternehmen des Kartells (oder bei größeren jede Unternehmungsgruppe) durch den Unternehmer, einen technisch-kaufmännischen Mitarbeiter und einen Arbeiter vertreten ist. Diese Gesamtleitung (Monopoldirektor und Monopolproduktionsrat) bestimmt die Produktionsmethoden und diejenige Spezialisierung der Fabriken, die zur höchstmöglichen Rationalisierung der Arbeit notwendig ist. Das bedeutet gar nichts anderes als die Fortsetzung der bisher schon in jedem fortgeschrittenen Kartell üblichen Methode. Denn bei ihnen allen hatte in den letzten Jahrzehnten das Kartell durch den Kartellvertrag das Recht erhalten, den einzelnen Werken nicht bloß nach Gutdünken die Aufträge zuzuweisen, sondern auch direkt Vorschriften für diejenigen Produktions-, Zerlegungs- und Rationalisierungsmethoden zu machen, die im Interesse der Konkurrenzfähigkeit des Gewerbes durch Hebung der Produktivität notwendig erscheinen.

Die Stellung des Unternehmers innerhalb solchen Systems der Staatsmonopolien ist sachlich überhaupt nicht wesentlich verschieden von jener Stellung, die sich das Unternehmertum bisher schon freiwillig selbst innerhalb seiner Kartelle im Interesse seiner Profitsicherung gegeben hat. Nur, daß sie jetzt durch Staatsgesetz festgelegt und ihre Abänderbarkeit vom Einzelwillen unabhängig gemacht wird. Das Eigentum am Unternehmen wird im Prinzip dadurch nicht berührt. Aber es wird zu einem Eigentum, dem die unbedingte Verfügungsgewalt selbst über den Tod hinaus genommen wird, die für den bürgerlich-kapitalistischen Eigentumsbegriff bisher so charakteristisch war und von ihm unzertrennlich schien. Das mit dem Monopolrecht des Staates belastete Privateigentum am Unternehmen läßt dem Eigentümer nicht nur das Recht, sein Eigentum zu verwalten, sondern es macht es ihm zur *Pflicht* — selbst als Unternehmer oder durch seinen Betriebsleiter — die Unternehmung *zu betreiben*. Die Belassung des Eigentumsrechts an der Unternehmung ist nur unter der Voraussetzung erfolgt, daß der Unternehmer sie betreibt, und zwar so, wie es die vom Staat delegierte Kartelleitung im Interesse der Allgemeinheit für nützlich hält. Das mit den Monopolrechten des Staates belastete Privateigentum bekommt dadurch einen ähnlichen Rechtscharakter wie das gute alte deutsche Lehen: Die *Monopolunternehmung ist als Arbeitslehen von der Gesellschaft dem Unternehmer verliehen*.

## VII. Die Steuergemeinschaft.

Es ist sehr schwer zu schätzen, wieviel Millionen aus solcher rationell organisierten Monopolwirtschaft dem Reichsetat zugute kommen können. Aber immerhin dürfte es doch eher zu optimistisch als zu vorsichtig sein, wenn man den direkten Monopolertrag für das Reich und das Ergebnis des Kommunalzuschlages aus dem Kleinverkauf der monopolisierten Waren auf 4 bis 5 Milliarden veranschlagt. Dann aber bleibt im Jahresetat des Reiches noch immer ein Defizit von mindestens 9 Milliarden. Dieses Defizit am Schluß einer Steuerrechnung, die aus so mannigfachen Steuerarten und Besteuerungsmethoden zusammengesetzt war, ist ein entmutigendes Ergebnis. Denn direkte und indirekte Steuern scheinen bis an die Grenze des Möglichen angespannt. Was noch als ungedeckt zurückbleibt, erscheint als ein Loch in der Finanzrechnung, dessen Deckung überhaupt nicht mehr möglich ist.

Aber es darf für den Finanzmann, der Deutschlands Finanzen aufbauen will, nur eine Unmöglichkeit geben: den Staatsbankerott. Nicht weil er vom ethischen Standpunkte aus zu verdammen wäre. Der Staatsbankerott kann unter Umständen sogar zur sittlichen Forderung der Bürger an die Obrigkeit werden. Nämlich dann, wenn die Entspannung der volkswirtschaftlichen Verhältnisse und die wirksame Entlastung der Einzelwirtschaften vom Steuerdruck auf keinem anderen Wege mehr erzielt werden kann. Voraussetzung eines staatssittlich berechtigten Bankerotts aber müßte immer sein, daß durch ihn und nur durch ihn der Weg zu neuer wirtschaftlicher Betätigung und zum Wiederaufbau freigemacht werden kann. Gerade das Gegenteil aber ist augenblicklich in Deutschland der Fall. Der Staatsbankerott in einem Lande, das während des Krieges nur bei den eigenen Bürgern geborgt hat, bedeutet den Ruin dieser Bürger. Das Betriebskapital der Fabriken und der Banken im Lande, der Versicherungsgesellschaften und der Handelsfirmen ist heute nur noch in Papier vorhanden, in der Form von Forderungen gegen das Reich und gegen die Reichsbank. In dem Augenblick, wo diese Forderungen nichts wert wären, würde der größte Teil der der deutschen Produktionsstätten bankerott und jede Produktionsmöglichkeit ausgeschlossen sein.

Deswegen müssen unter allen Umständen Mittel und Wege gefunden werden, bis zur letzten Hunderttausend-Mark-Summe die Anforderungen des Staatsbudgets zu erfüllen. Die Vollwertigkeit der Papiergrundlage deutscher Wirtschaft ist eine Zukunftsfrage, deren Beantwortung nur von dem Maß der in Deutschland geleisteten Arbeit abhängen darf. Deutschlands Arbeitskraft ist sein einziges Gegenwartsaktivum, dessen Nutzung allmählich wieder aus Papierreichtum realen Wohlstand schaffen kann.

Das in den früheren Kapiteln errechnete Schlußdefizit des deutschen Reichsetats von 9 Milliarden kann vielleicht noch um 1 bis 2 Milliarden durch eine Veränderung der Form der Staatsschulden vermindert werden. Zum Teil hängt die Möglichkeit solcher Verminderung allerdings auch wieder von der deutschen Arbeit ab. Wenn erst einmal das Vertrauen zu den deutschen Finanzen wiederhergestellt, die Währung auf eine gesunde Grundlage gebracht sein wird, dann ist die Möglichkeit einer freiwilligen Zinsherabsetzung der Staatsschulden im Umtauschwege gegeben. Anderseits würde für einen Teil der schwebenden Schulden eine Verminderung der Annuität durch die Ausgabe von Lotterie-Anleihen möglich sein, jedoch ist diese sofortige Ersparnis sehr gering im Verhältnis zur

Höhe des Gesamtbudgets, und spätere Ersparnisse stehen noch im weiten Felde. Auf alle Fälle muß daher damit gerechnet werden, daß mindestens 8 Millionen Mark noch zu decken sind.

Wie soll man das ermöglichen? Es bleibt nur ein Weg: Die Umlage auf die Produktion. Auf den ersten Blick erscheint es außerordentlich merkwürdig, daß inmitten des hier vorgeschlagenen Steuersystems, das vollkommen auf der Arbeit, auf der Förderung und der Erleichterung der Produktion aufgebaut sein soll, die letzte größte Last gerade wieder dieser Produktion aufgehalst wird. Aber der treibende Gedanke für diese Forderung ist nicht ganz ohne Vorgang in der Geschichte der Volkswirtschaft. In den letzten Jahren deutscher Steuerwirtschaft ist man freilich den umgekehrten Weg gegangen. Man hat es allmählich als Axiom betrachtet, daß die lebenswichtigsten Gewerbezweige des Landes möglichst wenig mit Steuern belastet und sogar nach manchen Richtungen privilegiert wurden. Aber es hat einmal eine volkswirtschaftliche Schule, die Physiokraten, gegeben, die wirtschaftstheoretisch sowohl die französische Revolution, als die Lehren von Adam Smith vorbereitet haben. Sie lehrten, daß die Landwirtschaft die Trägerin der gesamten Volkswirtschaft sei, daß von der landwirtschaftlichen Urproduktion der gesamte Wohlstand des Volkes ausgehe, und daß der Landwirt der einzige sei, der wirklichen Arbeitsertrag erzeuge. Aber gerade wegen dieser Wichtigkeit der landwirtschaftlichen Arbeit wollten die Physiokraten das gesamte Staatsbudget mit einer einzigen Steuer, mit der Steuer auf diese wichtigste und alleinige lebenschaffende Produktion decken. Zu dem Prinzip dieser Theorie muß zurückgekehrt werden. Gerade weil die einzige Kraft deutscher Zukunft in der Produktion — nicht mehr nur in der landwirtschaftlichen, sondern in jeder produktiven Arbeit — liegt, rechtfertigt sich auch die Auflage eines großen Teiles der Staatslasten auf die Produktion der Güter in Landwirtschaft, Industrie und im Werte schaffenden Handel. Hier haben wir es mit lebendigen

Organismen zu tun, die sich der Steuer anpassen und die Weiterverteilung der Steuer auf die anderen Volksschichten vornehmen können.

Eine derartige Belastung der Produktion wäre ganz unmöglich, wenn man sie dem einzelnen Produzenten, dem Einzelunternehmer in Handel und Gewerbe, Landwirtschaft und Industrie auferlegen wollte. Es würden drückende Lasten werden. Sie würden, namentlich wenn man an die Form einer allgemeinen Gewerbebesteuerung im alten Sinne denkt, den Einzelunternehmer und damit schließlich die gesamte deutsche Volkswirtschaft konkurrenzunfähig machen müssen. Es kann sich nur darum handeln, Kollektivumlagen auf die einzelnen Gewerbezweige zu legen. Es soll hier angeknüpft werden an Vorschläge, die vor einiger Zeit bereits der Generaldirektor Heinrich Brückmann in der „Vossischen Zeitung" gemacht hat. Um einen Schlüssel für die Verteilung der Umlage zu gewinnen, wäre es nötig, so schnell wie möglich eine Erhebung zu veranstalten, die für jedes einzelne deutsche Unternehmen seine Leistungsfähigkeit und seinen Ertrag für die Zeit vor dem Kriege feststellt: seine Kapitalisierung, seine Produktion, seinen Ertrag. Für jede Gruppe von deutschen Unternehmungen in Handwerk, Handel, Industrie und Landwirtschaft wäre so festzustellen die relative Bedeutung, die sie 1914 innerhalb des Gesamtrahmens der deutschen Volkswirtschaft gehabt hat. Entsprechend der so ermittelten anteiligen Bedeutung ist dann jeder Gruppe ihr Anteil an der Aufbringung des Restdefizits zuzumessen.

Für diese Gruppenbelastung haftet jede Gruppe in ihrer Gesamtheit, haften alle Glieder der Gruppe solidarisch. Träger der Last und verantwortlich für die Verpflichtung ist die Steuergemeinschaft der Produzenten, die aus den Unternehmungen jeder zusammengehörigen Gruppe gebildet wird. Wie diese Gruppe die Last unter sich verteilt, bekümmert den Staat nicht. Er fungiert gegenüber der Steuergemeinschaft lediglich als Aufsichtsinstanz und zur Entgegennahme und Schlichtung von Beschwerden und Differenzen. Welche Form solche Steuergemeinschaft ihrer inneren Organisation geben will, ist ebenfalls vollkommen in ihr Belieben gestellt. Gerade weil die Belastung der Gruppe und damit auch des einzelnen infolge der starken Not des Reiches sehr hoch sein muß, werden bestimmte Grundformen der Organisation sich von selbst ergeben. Wenn alle Mitglieder der Gruppe solidarisch für eine feste Summe haften, so wird die Mehrheit der Gruppe keiner Einzelunternehmung mehr gestatten können, je nach ihrem Belieben viel oder wenig, rationell oder irrationell zu erzeugen, vielmehr wird die Organisation von jeder einzelnen Unternehmung verlangen müssen, daß sie ihre Produktion auf das höchste Maß steigert. Mit dem Material, das der Gesamtgruppe zuzuführen sein wird, darf keine Verschwendung getrieben werden, und es würde in sehr kurzer Zeit dahin kommen, daß die Leitung der auf der Grundlage der Selbstverwaltung organisierten Steuergemeinschaft ähnliche Machtbefugnisse bekommt wie die Kartelleitungen in der früheren Wirtschaft, daß sie die Arbeitsfähigkeit jedes einzelnen einschätzt und Bestimmungen für die Verteilung der Spezialproduktion, für die Teilung und die Zusammenlegung der Arbeit, für die Ausnutzung oder Stillegung der einzelnen Fabriken im Interesse der Produktivität und der Erleichterung der Steuerbürde für die Gesamtheit trifft.

Auch hier wird genau wie bei den früher bereits geschilderten Monopolsystemen das Interesse der Unternehmer dahin tendieren, nicht bloß auf möglichst bequeme Weise die Steuerlast aufzubringen, sondern über die Steuerlast hinaus Ertrag und Einkommen zu erzielen. Die Erhöhung der Preise zum Zweck der Abwälzung der Last auf die Konsumenten ist nur in einem sehr beschränkten Maße möglich. Sowohl die ausländische Konkurrenz, die jederzeit vom Staat zugelassen oder begünstigt werden kann, als auch die Organisation der Konsumenten sowie der benachbarten Produktionskreise übt hier eine gewisse Korrektur. Vor allem aber muß, um die Generalunkosten richtig auszunutzen — und zu den Generalunkosten gehört auch die aufzubringende Steuer —, das ganze Trachten der Gruppe auf die Erweiterung des Absatzes gerichtet sein. Soweit daher nicht etwa rein persönliche Dienstleistungen in Frage kommen, wird immer nur ein ganz kleiner Teil der Steuer durch Erhöhung der Preise abzuwälzen möglich sein. Doch selbst in diesen Fällen wird man mindestens gleichermaßen auf die Rationalisierung der Betriebe bedacht bleiben. Überall wird die Ersparung von Menschenkraft und ihre bessere Ausnutzung durch Organisation oder ihre Ersetzung durch die Kleinmaschine oder durch weitere Rationalisierung des Großmaschinenbetriebes erstrebt werden. Denn die Herabdrückung der Unkosten durch Herabsetzung der Löhne wird durch die Stärke der Gewerkschaftsbewegungen, durch allgemein geltende Tarifverträge, durch die Vorschriften der staatlichen Sozialpolitik über Arbeitsdauer und allgemeine Hygiene unmöglich gemacht werden. Bleibt also genau wie im früher geschilderten individuellen Monopolsystem nur der Weg der Rationalisierung. Und es ergibt sich also auch hier wieder, daß gerade unter dem Druck der Steuerlasten die nach bestimmter Richtung abgeblendete freie, auf die Profitvermehrung gerichtete freie Initiative des Unternehmers zur Förderung der Produktivität deutscher Arbeit beitragen wird.

Diese Besteuerung der Produktionsgemeinschaften ist gleichzeitig nach doppelter Richtung hin eine Besteuerung durch die Produktionsgemeinschaften. Die Gemeinschaft legt dem einzelnen Produzenten-Mitglied die von ihm aufzubringende Steuer anteilig auf. Gleichzeitig aber wälzt sie durch die Preisbemessung einen Teil des Steueranteils auf den Konsumenten ab. Es handelt sich hier also um eine Kombination von direkter und indirekter Steuer, bei der es den Steuerträgern überlassen ist, wieviel als direkte Steuer und wieviel auf indirektem Wege aufgebracht werden soll. Ein sehr wichtiges Recht des Staates — das Recht der Steuerverteilung — geht also an die einzelnen Gruppen über. Der Staat muß dafür auch Bürgschaften verlangen. Er belehnt deshalb die Gruppenleitung, die in Selbstverwaltung gewählt und vom Staat kontrolliert wird, mit dem Recht der Regelung alles dessen, was ihr innerhalb des Gewerbes zur Erzielung hoher Produktivität notwendig erscheint. Er verpflichtet sie aber auch gleichzeitig, die Maßnahmen durchzuführen, deren Durchführung der Staat als regelnde Behörde verlangt, und die Nachweise beizubringen, die der Staat für die wirksame Ausübung einer Kontrolltätigkeit verlangen muß. Der Staat fordert von der Leitung der Steuergemeinschaft jederzeit genaue Rechenschaft darüber, wie die Rentabilität der einzelnen Betriebe, ihre Abschreibungsmodalitäten, ihre Preisstellung sich stellten. Er sorgt für regelmäßige Preisprüfungen, die einerseits die Konsumenten gegen Überteuerung schützen, anderseits aber auch den Produzenten dasjenige Maß von Rückstellungen lassen muß, das im Interesse der Gesamtproduktivität des Gewerbes und der Volkswirtschaft notwendig ist.

Auch hier, wie unter dem bereits geforderten Monopolsystem, bleibt also das Eigentum des Einzelunternehmers im Prinzip unberührt. Seine Eigentumsrechte sind eingeengt (wie jetzt schon bei den Kartellen) durch die Befugnisse der Gruppenleitungen, in denen Unternehmer paritätisch mit Arbeitern, Angestellten und Technikern vertreten wären, und außerdem begrenzt durch die staatlich auferlegte Verpflichtung zur Arbeit nach den Grundsätzen der höchsten Produktivität. Der Unternehmer — sei er nun Landwirt, Fabrikant, Handwerker — hat Anspruch auf Eigentumsrechte an seinen Betrieb nur solange und insoweit er ihn auch betreibt. Diese neue ethische Wertung des Begriffes vom Eigentum an den Produktionsmitteln muß durch die direkte Beteiligung aller freien Produzenten an der Aufbrinbringung von Verzinsung und Tilgung der Staatsschuld sich allmählich zu der Auffassung verdichten, daß jede Produktionstätigkeit öffentliches Amt, der Unternehmerproduzent ebenso wie jeder Arbeiterproduzent Staatsdiener und jedes Eigentum am Produktionsmittel Arbeitslehen von der Gesamtheit ist.

Durch diese Mitwirkung der gesamten Produktion, durch ihre Einstellung auf die Erhöhung der Produktivität deutscher Arbeit kann allein jener Rest der hohen Budgetbelastung aufgebracht werden, der nach unserer Rechnung noch ungedeckt blieb. Vielleicht hätte die rechtzeitige Einschaltung dieser Aufbringungsmöglichkeit und der rechtzeitige Überschlag des Gesamtbedarfes von vorherein dazu geführt, die ganze Budgetdeckung auf eine andere Grundlage zu stellen. In dem jetzigen Reichsbudget sind ja zwei vollkommen verschiedene Budgets zusammengeworfen. Man muß eigentlich unterscheiden: das normale Betriebsbudget des Reiches, das nach der Erzbergerschen Rechnung aus etwa 4 Milliarden sich zusammensetzt, das Betriebsbudget der Gliedstaaten und Kommunen mit etwa 6,5 Milliarden, also ein regulärer Jahresetat von zirka 10 Milliarden Mark. Dieser Etatsbetrag wird in jedem Jahr immer wieder von neuem mit geringen Schwankungen nach oben und nach unten aufzubringen sein. Vollkommen getrennt davon ist der Etat der Staatsschuld mit rund 11 Milliarden und der Etat der Lasten aus dem Friedensvertrag mit rund 7,5 Milliarden. Das eine ist der laufende Etat, das andere ist der Kriegsschuldenetat. Der laufende Etat kann mit direkten und indirekten Steuern und einen Teil der Monopole aufgebracht werden. Der Kriegsschuldenetat aber muß durch Zuschlag von Amortisationsquoten in einen Entschuldungsetat umgewandelt werden. Und dieser Entschuldungsetat wäre aus Erbschaftssteuer, Vermögenszuwachssteuer und Auflage auf die Produktion einzubringen. Das Ganze verteilt auf 50, 70 oder 100 Jahre.

Auf diese Weise würde man eine ganze Menge der kleinen zusammengekratzten Steuern entbehren können, und man hätte nach Ablauf der vorgesehenen Zeit nicht nur ein entschuldetes Reich, sondern vor allem auch eine zur höchsten Produktivität entfaltete Industrie. Der Segen dieser hohen Produktivität würde nach der Abtragung der Reichsschuld den Ausblick auf ungeahnte Möglichkeiten der kulturellen Höherentwicklung eröffnen. Das wäre Arbeit für kommende Generationen. Das wäre Belastung der Gegenwart zugunsten einer glücklicheren Zukunft. Das wäre Vorbereitung einstiger Entsühnung von einer Schuld, die durch den Weltkrieg die gesamte Kulturmenschheit auf sich geladen hat.

Druck von A. W. Hayn's Erben, Potsdam.

Druck von A. W. Hayn's Erben, Potsdam.

FSC
www.fsc.org
MIX
Papier | Fördert gute Waldnutzung
FSC® C083411

Kolibri 360 GmbH
Ferdinand-Jühlke-Straße 7
99095 Erfurt, Deutschland
produktsicherheit@kolibri360.de